数据驱动的学校管理

[美] 阿曼达·达特诺（Amanda Datnow）

[美] 维基·帕克（Vicki Park） 著

魏 峰 译

倪永梅 审校

U0120635

Data-Driven Leadership

上海教育出版社
SHANGHAI EDUCATIONAL
PUBLISHING HOUSE

推荐序

在传统意义上，学校管理是一种经验性的工作，主要是靠管理者个人在长期的工作中积累的智慧来处理各种管理事务。今天，我们生活在数字化时代，宏观的教育变革依赖数字化。正如作者在开篇所说："我们无法想象，一项教育改革的议程不将数据运用作为关键的支柱"。同样，学校管理工作也必须实现数字化的转型。在学校管理工作中，每天都产生大量关于教师、学生和各类事务的复杂数据，这些数据可以助力我们做出决定。在这本书中，作者研究了与学校数据运用相关的政策和社会环境要素，分析了人、政策、实践、互动模式对数据运用的影响。作者运用多案例研究的方法，基于对美国3个学区9所学校的调查，分析了数据在提升学校教学质量、促进教育公平、形成教师团队文化等方面所具有的重要价值。作者还围绕学校管理者如何开展数据驱动的教育变革，诸如如何规划课程、如何调节教学进度、如何安排学校的教研时间、如何开展合作教研等，这些细节都是真实地发生在美国学区和学校里的教育改革实践。

我曾经说过，"在教育数字化转型中技术不是中心，技术支持下的学习活动才是中心"。在这本著作中，读者们不会看到纷繁复杂的技术和模型，而只有数据的细节中所蕴含的教育改进。例如，作者在学校中观察到，一位数学教师注意到学生成绩更差是因为自己的教学策略使得学生不能跟上，因此决定"我不能催他"，而是用更多的口头鼓励来帮助学生集中注意力。这些在微观层面上运用数据来提升教育质量和促进教育公平的努力，都在学校管理和教育教学的过程中建立了人和人之间更好的信任关系。信任发生在师生之间，也发生在校长和教师之间，同时也发生在学校和家长之间。数据不应该制造人和人之间的竞争与敌意，而更应该产生信任，这才是美好教育应有的样子。

当然，数据在学校里运用也有风险。作者在书中指出，过分重视数据会导致过度聚焦于少数主干的考试科目甚至导致教师带头作弊，或者是只关注少数学生，这都会造成教育不公等问题。我们需要记住的是，数据只是数据，是我们做好学校管理工作的基础或者说凭据，而不应该成为管理的全部。教育管理者应该具有理性的数据运用思维，不要急功近利，而是把数据运用于学校持续不断的改进中，从而避免激进的数据运用所导致的风险。

这本书的翻译出版，对我国的学校教育改革具有重要的启示意义。当前，教育强国的建设需要基础教育高质量发展。但是，我们对高质量的理解往往狭隘地定义为分数，为此，校长们强调在细节上抓质量。我认为，没有数据的运用，校长们的努力更多的是凭借学校管理者和教师的经验与情怀。管理者依据经验和常识可以比较容易地对问题的性质做出判断，但是对问题的"度"的把握需要依赖对数据的细致分析。管理者如何把工作做细、做实、做得更加精准，这都需要凭数据说话，诸如用数据来分析不同学生之间的差距、分析不同教师课堂教学的特征并分享教师的优势，进而为教育教学的改进提供支持。《数据驱动的学校管理》一书能够为我国的教育管理者提供镜鉴，告诉我们如何运用数据促进教育公平、提升教育质量，进而构建和谐的学校文化。对于中小学校长和教育行政部门的领导者来说，阅读本书可以获得非常具体且具有操作性的数据运用策略。

在当下的学术评价体系中，翻译一本书是不讨好也不容易的事情。魏峰老师通过翻译一本书来介绍一种新的教育管理观念，是值得鼓励的，希望他在这一领域持续探索，出版更多的成果。

是为序。

中文版序

十年前，我们的书首次出版时，目的是展示领导者如何运用数据做出明智的决策以提升教育质量，提供工具帮助他们深入思考并有效参与。当时，在美国及其他国家，利用数据进行决策的趋势逐渐兴起，教育者如何有效地使用数据引起了广泛关注。我们通过实例、小故事和工具，分享了行政管理人员、校长和教师在学校等复杂组织中运用数据的经验教训，包括成功之处和潜在问题。我们发现，教育者使用数据做出的决策既能为学生打开机遇之门，也可能带来挑战，因此数据的应用具有深远的影响。我们还认识到，数据驱动的决策必须考虑环境中的人、政策、实践和模式（即我们所说的 4P）。一种在某所学校中取得成功的策略，可能在另一所学校或同一学校的不同团队中并不奏效。背景、条件和使用数据的目的至关重要。

十年后，全球范围内在教育中有效运用数据进行决策的需求依然紧迫。近年来，教育系统更强调运用更广泛的数据来全面衡量学生的进步。除了依赖单一的学业成绩指标，教育系统现在还注重收集和运用学生在学校氛围、社会情感支持等方面的体验数据及其他多种指标。在这个重要领域还有很多工作要做，我们希望全球的教育者和政策制定者能够在了解学校如何满足全体学生需求的过程中相互学习。

得知我们的书将被翻译成中文，我们感到非常荣幸。我们深知数据运用实践已在全球范围内传播，因此对中文版非常期待，也希望我们分享的经验教训能继续帮助不同背景的领导者审视他们运用数据的方式和目的。尽管本书中描述的具体情况和背景可能与中文语境中的读者有所不同，但我们希望"4P 原则"能够引起共鸣，为其提供有用的框架，使领导者能够运用数据进行决策，以改进学校和学生的学习。

阿曼达·达特诺（Amanda Datnow）

维基·帕克（Vicki Park）

目　录

第一章 数据驱动的决策：希望与陷阱

数据在我们的生活中无处不在。运用最新的技术，我们可以快速计算出每天所走的步数、身体每天摄入的卡路里、每天花出去的钱及花在了哪些方面。在理想状态下，知道这些信息能帮助我们做出改善生活质量的更好决策。商业和健康机构、教育组织以及政府能够迅捷地通过处理大量数据，以过去所不可能存在的方式帮助大家[1]。运用数据的力量是显而易见的：借助数据，人们可以有更好的选择，各类组织机构可以更有效地运转。同时这也是教育改革热门话题背后的思想：数据驱动的决策制定。

10年前，数据驱动的决策尚未进入大多数教育者和政策制定者的视野。现在我们很难想象，一项教育改革的议程没有将数据运用作为关键支柱。数据的运用拥有改变教与学的潜力。现在，教师更容易获得关于学生学习状况的信息，在学生成绩落后之前找到缩小差距的对策。数据运用还可以建构面向全体学生的整体责任。伴随着学生的学业成绩和教学策略在年级组内或者跨年级的共享，学校文化和常规也发生了变化：透明度增加了，过去影响课堂教学的个体主义文化在削弱。

但是，如何将数据运用纳入教育领导者和教师们极其繁忙的职业生活呢？如果教师关注数据，是否会忽略其他事情？教育者需要经过多少训练和什么样的支持才能有效地运用数据？数据运用如何适应其他的教育改革议题？

数据驱动的决策在美国的学校和学区层面非常流行，荷兰、加拿大、比利时、南非、澳大利亚和新西兰等国家对此也越来越关注[2]。虽然各国会存在不同的途径，

> 我们是否面临着遗忘数据运用的核心目标——促进教与学——而只顾追逐数字的风险？

但是共同的想法是，教育领导者和教师们学会在工作中如何运用数据，即收集和分析数据以引领教育决策，他们将会考虑既有能力、界定不足之处并规划学校各方面，使之改进并更为高效。在课堂上，数据将让教师明白如何规划课程，界定哪些概念需要重新教学，从而进行差异化教学[3]。

促进教育者系统地收集和运用数据的能力，带给他们一种发展的竞争力和技能，这也是文化的需要。但是，数据运用并非看上去那么简单易行。其中，领导是关键。我们不可能简单地运用数据就期待效果显著。如何使用数据、为什么运用数据、什么可以看作是数据、在学校中推进数据运用是为哪些群体服务，在界定这些问题时，教育领导者在其中扮演着关键的角色。虽然我们将本书命名为《数据驱动的学校管理》，但是我们坚信数据本身并不能驱动决策。人们运用数据来探究现行的实践并指明了行动的方向。因此，"以数据为依据的领导力"这个词更适合我们要求领导者做的事情[4]。虽然，在教育领导领域中，"数据驱动的决策"这一术语更常用。但在本书里，我们将用"以数据为依据的领导力"来指代"数据驱动的决策"，来表达数据运用这一领域中重要的思想转向。我们认为，作为持续改进的一个部分，领导者应该谨慎地使用数据做出有思想性的决策。数据运用不

应该被看成是昙花一现的风尚或不切实际的幻想，领导必须掌握评价何种类型的数据有用和为何目的运用数据的主动权。"以数据为依据的领导力"之目的是促进学生成绩提升和教师专业发展，而不应降低这些方面的水平[5]。

最初，本书的写作是为了学校和学区层面的教育领导者，尤其是所有对数据为基础的决策感兴趣的领导者和那些已经在此领域做得很好并获得信任的领导者。我们的目标是为教育领导者建构反思性技能提供一种指导，而不是为在实践中推动数据运用提供说明书。为了让领导者更敏锐地运用数据，我们分享了一些经验和教训。这些经验和教训是从教育者如何在他们学校开展数据运用实践的研究中所获得的。我们研究了学区和学校的领导者如何创新一种结构和文化，这种结构和文化支持了持续深思熟虑地运用数据。同时，我们还排除了通往富有成效地运用数据来改进学习和促进平等之路上潜在的"地雷"。我们旨在帮助领导者避免一些问题，在他们的决策中有效地、有策略地运用数据。

一、风险与不正当的动机

在某种意义上，所有的学校都受益于数据。在美国，既有的问责体系和基于学生学业成绩数据的学校评价都期待如此，并确保做到了这一点。在政府问责政策背后的观念是教育者需要知道如何分析、阐释和运用数据，以便他们能够做出关于如何提升学生在州级或者全国性考试中成绩的明智决策。在这个方面，政策的重点是缩小教育差距，尤其是由于历史遗留原因导致的低收入有色人种学生的学业差距。

数据是强大的，但是可能也带有危险[6]。在高风险、资源稀缺的环境里运用问责的数据必然会产生一些不正当的激励因素，从而导致一些危险的做法和陷阱，包括在州级考试中作弊、实施快速解决方案、将资源用于问责门槛较低的学生、窄化课程、数据超载。

（一）在州级考试中作弊

问责政策"忠实地支持大量的且不断增长的量化数据收集。它们可以为奥威尔式的系统建立证据基础，这一系统可以在任何时候看到一切，了解每个人，判断应于何时何地干预某个学生、学校或班级"。[7]持续的监督和高风险考试让那些试图帮助学生在州级考试中展现进步的教育者感到十分的恐惧。在一些案例中，教师和管理者们在考试时给学生答案，或是在考试结束后至送交考卷之前修改学生的答案，来实施赤裸裸的作弊。[8]

（二）实施快速解决方案

批评者认为，数据驱动的决策可能导致过度技术化模式的专业行动，教育者线性地诊断薄弱环节并实施解决办法，忽视了教与学过程的复杂性[9]。如安迪·哈格里夫斯（Andy Hargreaves）和丹尼斯·谢尔利（Dennis Shirley）所说，聚焦考试分数的数据运用，会损害和阻碍面向所有学生的学习改进：

随着年度进展报告AYP（Adequate Yearly Progress）期限的临近和时间的流逝，教师们很少有机会去考虑如何以最好的方式应对摆在他们面前的图表。他们发现自己处于混乱中，对图表中显示有问题的学生采取应急之计——过度的考试准备、新的针对性项目、下午放学后补课或周六补课。这里很少有可以被认为是专业发展的东西，只有被分数及其背后的政治压力所驱动的简单解决办法[10]。

这种趋势会导致教师仅聚焦于简单的问题解决，而不是实施持续的发展和实质性的进步。

（三）将资源用于问责门槛较低的学生

问责政策意味着确保教育者对所有学生抱有较高期望。问责政策试图提升所有人的成绩，而不管学生现有的能力水平如何。在"教育分流"[11]这一形象的术语中，一些学校从那些适合补救的学生和那些看起来没有希望的学生中，区分出看来还比较好的学生[12]。这样做是为了更优化地配置资源，并且更好地适应问责。教育者经常报告他们为了效率而将努力的焦点放在那些处于临界点的学生身上[13]。教师们对那些处于分数达标区间顶端的学生或在达标线上下浮动的学生进行定向矫正或额外的辅导，但对水平更差的学生则不予理睬[14]。同样的，我们通过对4所学校教师反思性会议的观察数据分析发现，他们的讨论完全集中在帮助达标水平以下学生的提升，而很少讨论如何将一些学生从达标水平提升到优秀水平[15]。其他研究也显示，学校管理者经常受到来自学区的指向"浮动学生"①的数据报告压力[16]。这些研究结果聚焦学生中的特殊群体，这一群体的发展以其他学生为代

---

① 浮动学生，指在合格线上下"浮动"的学生。

价，给我们提供了关于平等问题——特别是平等的学习机会——的重要启示。

（四）窄化课程

问责政策领域中关注课程窄化的文献在不断增多。人们已经发现，高风险测试使得学校仅仅聚焦数学和语文，而以牺牲其他学科为代价，比如科学和社会研究[17]。即使校长们为教师的职业发展和教学自主性提供了支持，情况依然如此[18]。一些学科被挤压，而对于重点学科，比如数学和语文，教育者会花时间重点关注州级考试的风格和形式——而不是什么应该被测试——来教学生如何应试[19]。这些策略会在考试分数方面产生短期的效果，但是，因为考试技巧的训练超过了学习本身，学生最终学到的很少。

（五）数据超载

对数据收集和数据运用的期待远远超过了为让数据运用变得更有意义——为教学的改进和学校变革——提供的必要支持。很多学校还处于数据运用的起步阶段，依赖有限形式的数据和简单的分析[20]。但是，学校的领导者们在各种数据中浸淫已久，这些数据包括州和联邦系统的数据、学区的基准测试、学校层面关于学生和教师绩效的数据，学校文化、教学进度、课程和资源配置的数据，更不用说来自研究和项目的评价数据。学校管理者和教师沉溺在数据的海洋里而缺乏运用它们的能力，他们则更倾向于不利用数据或者陷入默认的权宜之计，而不是利用新的证据[21]。

当教育者在数据运用方面超载，或者聚焦于数据运用以避免受到惩罚，无形之中他们会削弱既定的数据运用和问责政策的目标。把这些风险和不正当的激励因素暂搁心里，让我们把注意力转向数据运用的好处——它能够给我们带来的正向功能。

二、数据运用给平等和卓越带来的好处

与强迫性的问责政策相联系的数据运用有很多缺陷，但是也有很多优势。在高风险考试背景下，我们很容易把数据运用与考试及分数合二为一，甚至混淆起来；但是这两者是不同的。推动数据运用来改进教育领域早于对高风险考试的问责运动，也早于全面质量管理、持续改进行动和有效学校行动。与问责相联系的数据运用被狭隘地解释为什么样的数据被运用，以及如何被运用，但也有其他更好的可能性存在。然而，我们不应该混淆数据运用和问责，即便假定两者有必然联系。我们相信，数据运用作为更广泛意义上的学校改进过程的一部分，有助于促进教育公平。实际上，具有多种形式的学生学习案例并未在学校改进过程中扮演关键角色，因此学校改进过程误入歧途。

改变这种状况成为当务之急。在全球范围内，我们可以看到许多努力推动学生深度学习、发展批判性思维和其他面向 21 世纪技能的案例。美国大多数州实行的"州级共同核心标准"在学生如何学习和如何评价他们的进步方面为我们提供了振奋人心的启示。在不久的将来，我们有理由期望看到更多的学生为他们自己的学习目标设定承担更多的责任，看到更多的教师扮演着学习支持者的角色，在学校里看到更多推动知识发现的活动。以这样的方式开展教学，教育者需要基

于学生应该学习的和能够学习的方面来发展他们的学习目标。但是，更广泛的学习目标往往难以测量和分析。"数据"必须超越考试分数，我们必须超越对学生考试分数的狭隘评估。

为什么学校领导者要借助数据？在研究者看来，数据运用的优势是什么？教育研究表明，数据应用有助于学校改进[22]。教师对于数据的使用在以下几个方面尤其有益于教学和学生的学习：

● 数据能帮助教师建立和细化具体的目标[23]。

● 数据能帮助教师制定教学进度计划，使他们的教学与标准一致，明确问题并重新讲解（学生此前没有学会的部分），引导学生更灵活地组织小组学习，更明确地对差生实施干预[24]。

● 数据会使教师精确定位教学中的优势和劣势，鼓励他们分享最好的实践[25]。

● 数据会被用来明晰等第和考试分数之间的差异，这些会明确何时需要重新探索分级的实践。

● 数据的运用能培养探究性文化并强调学校的优先目标，因为信息促进了教师、学生、家长和学校共同体中其他成员的交流[26]。

从平等的立场来看，教育者面对那些关于学生能力观点的证据挑战时，数据能够成为改变观念的潜在催化剂[27]。因此，数据运用可以帮助驳斥那些关于低收入学生和有色人种学生否定性的默认观点和假设。在一项研究中，薄弱学校的教师能够对他们自己的数据和有相似生源的优质学校教师的背景信息数据做比较时，就不再将学生的低水平学业成绩归因于学生的背景[28]。另一项研究则着重通过分解州级问责系统中次级群体的数据转变了（并不是完全消除）关于学生的负面观点[29]（Skrla，2000）。一所高中的教育者检视学生考试成绩数据和缺勤数据之间的关系时，就挑战了他们关于学生缺勤导致学习成绩差的观念："数据揭示关于某一群体学生的错误假定或者预测时，这让学校里的教师意识到基于数据决策的重要性。"[30] 简言之，面对数据时，教师被赋予了实证性的信息来参与关于学生投入和教学质量改进的对话。

教师聚焦于组织学习和学生学业成绩时，运用数据的实践会积极地影响持续的学校改进。这种数据的运用不是对考试结果的零星检测，而是对多元指标体系系统的、持续的反思。数据运用如果是学校规划和改进过程的中心，将会融入组织结构和文化中。要想把数据变得与教学改进相关并且有效，就必须有合作性的探究文化，其中包含相互支持的结构、政策和技术能力。

（一）什么是数据

根据使用何种数据、用于何种目的以及谁来使用，数据运用可以呈现很多不同的形式。在一些学区，数据运用与年度州考试分数的分析是同义的。但在另一些学区，数据运用则包括围绕一年执行数次的标准化监测考试分数报告所进行的分析并制订行动计划。校长们和教师们分析这些报告，从而明确哪些学生在州级标准之上，哪些学生达到了标准，哪些学生处于标准水平之下。教师们可以单独或与同年级、同学科团队的其他教师一起分析这些报告，以便有针对性地为那些处于标准水平以下的学生提供教学支持。虽然，乍看上去，这也像是对数据运用的窄化理解，仅仅是对教学决策有所启示，实际上它并非像看上去那样仅仅是技术的和线性的。教师可以自己决定考试内容或者在专业发展共同体里集体评价学生的进步，规划下一步的行动。他们可以带来学生学习的案例（如家庭作业、写作的样例）和他们自己的专业知识，用于规划教学。

但是，以数据为依据的领导力不仅要依赖于学生的学习成果数据。教育者也可能考查学生的背景信息、政策执行的数据或者向着目标进步的数据、学生或家长的调查数据、课堂观察的数据。在一些学校，学生行为和纪律方面的数据也被看作改进学习和教学的重要因素。在学校里，数据一般被分为以下 4 种主要类型：

● 背景信息，包括出勤率和纪律方面的记录。

● 学生学业成绩数据，不仅包括标准化考试的数据，还包括形成性测试的数据、教师的随堂测验、学生作业和工作日志。

● 教学数据，包括教师实践使用的数据、学生选课的模式和课程质量。

● 观念层面的数据，这些数据能提供与价值、信念相关的观点，与个人或群体相关的观点（通过调查或焦点组访谈的方式获得）[31]。

这些形式多样的数据有益于多元化的目的。狭义上，本书所指的数据是启示教师教学和学生学习的数据；广义上则是指那些启示学校和教育系统的领导者关于学校改进的数据。

来自评价的数据会显示学生学习成绩的特征，但是它不会告诉教师们在课堂上应该如何区别对待学生[32]。大规模的评价数据对学校和教育系统的规划是有用的，但是它们在教师和学生层面上的作用较小[33]。所以，尽管对可追溯性的高度重视可能会使学校拥有大量数据，教育者仍在摸索怎样提高以基本和更复杂的方式使用那些数据的技能。

学区和学校开始考虑在他们自己的环境里界定数据或者说证据意味着什么时，更复杂的学生学习目标的定义就产生了。在新的美国共同核心标准出台之前，我们发现学区依赖更大范围内的证据辅助其决策，包括标准化考试、分班的数据、基准测试、观察所得的数据以及其他在教育系统和学校层面上的数据资源。一些先行的学区在收集和分析学生参与层面的数据，以便促进学生投入他们自己的学习[34]。这些结论对那些思考评价和跟踪学生学习新路径的学区和学校领导者的工作特别有意义。

（二）何谓数据助力的决策

数据助力的决策（或者数据驱动的决策）作为流行的术语对那些与数据相关的事情来说是非常模糊的。因为与考试分数密切相关的问责系统的存在，学校和学区倾向于无论他们是否愿意，都受到了数据的启示。优质学校和学区推进数据助力决策的报告让领导们接受并参与数据运用，即使数据运用的策略本身并不明确[35]。让"数据助力决策"是什么或者不是什么这一问题就更清晰也必须了。

有一些试图界定数据运用的人聚焦于数据的信息过程。根据曼丁奇（Mandinach）和豪尼（Honey）的模型，人们收集和组织数据，作为原始的事实碎片[36]。当人们分析和概括它们时，原始事实就变为信息。换言之，信息是包含意义的数据，信息被系统化并排序后就成了知识。因此，知识被看作是对引领行动有用的基本信息。图 1-1 描述了这一数据运用模型。信息模型是有用的，因为它设计了数据运用的步骤并强调了拥有数据后，使用数据不是一个简单的过程。这是对数据运用概念化时的关键难题之一。相反，数据必须被阐释，并且知识必须被积极地建构，以便数据可以影响决策。这个模型也强调班级层面的数据运用。这一事实被嵌入学校或者学区这一更大的背景中。但是，数据助力决策的某些方面依然未被提及。当然，没有一种模型能够涵盖所有方面。不同层次的专业水平会形塑教育者参与数据转化为知识的能力。另外，教育者的信念和假定也会形塑他们对数据的阐释，并且他们运用数据的能力会因为这些因素而得到增强或受到限制。因为上述原因，数据运用不会被认为是一个完全连续的过程，毕竟它涵盖了多种多样的背景。

另一个数据运用的模型聚焦在教育者的数据运用能力。艾尔（Earl）和卡茨（Katz）描述的这个学习模型认识到，学校和个人在深思熟虑地运用数据时具有不同层次的专业知识。因为这是发展的过程，教育者需要机会去学习并运用他们的技能。这个概念框架强调了数据运用不仅是一个连续的信息发现和使用的过程，而且是技能和学习。图1-2列出了这个模型的步骤，强调了数据运用的发展性本质。

然而，这个模型没有解决在具体的地方教育情境中如何支持这些技能的发展这一问题，以及我们在本书中会明确讨论的一些问题。

第三个模型由吉娜·池本（Gina Ikemoto）和朱莉·马什（Julie Marsh）提出，整合了前面两个模型的若干方面，聚焦于学校运用数据的能力和教育者参与相

> 这个模型帮助我们理解在学习数据运用方面技能的谱系。这一谱系也是难题的一部分。

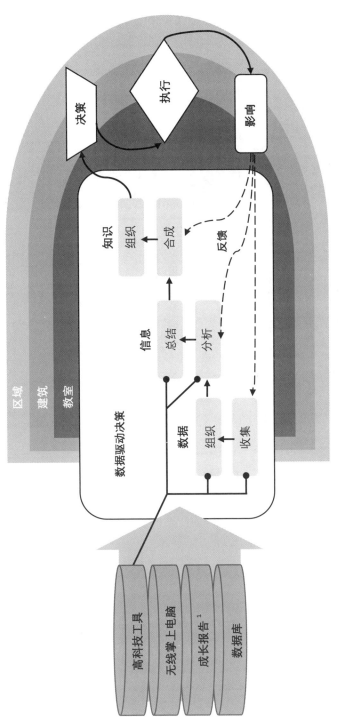

图 1-1 数据使用的顺序模型

经出版商许可转载。摘自 Ellen B. Mandinach 和 Margaret Honey 编著的《数据驱动的学校改进：连接数据和教学》，纽约：教师学院出版社。[37] 哥伦比亚大学师范学院 2008 年版权所有并保留所有权利。

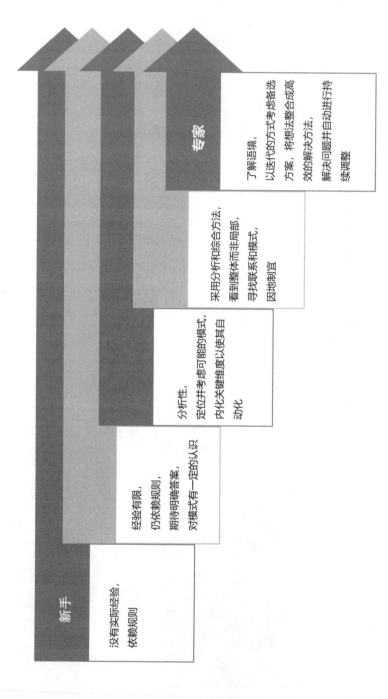

图 1-2　从数据使用新手到专家的成长阶段

| 新手 | 经验有限，
仍依赖规则，
期待明确答案，
对模式有一定的认识 | 分析性，
定位并考虑可能的模式，
内化关键维度以使其自动化 | 采用分析和综合方法，
看到整体而非局部，
寻找联系和模式，
因地制宜 | 专家 | 了解语境，
以迭代的方式考虑备选方案，将想法整合成高效的解决方法，
解决问题并自动进行持续调整 |

没有实际经验，
依赖规则

资料来源：改编自 L. Earl 和 S. Katz，《在数据丰富的世界中领导学校：利用数据改善学校》（千橡树，加州：Corwin 出版社，2006 年），102。

关过程的范围。这个模型提出了两个交叉的连续体：一个是关于数据类型的复杂性程度，另一个是关于数据分析与决策的复杂性程度。数据的复杂性与要素的范围有关，包括数据的时间框架、数据的类型、数据的来源和数据的详细程度。数据分析和决策的复杂性与数据如何被阐释有关。换言之，包括数据分析基于何种假定或经验证据，数据植根于哪类基本的或专业的知识，数据分析的技术简单易行还是非常复杂，是个人决策或者集体决策，决策植根于单一的还是迭代的过程。[38]

基于数据复杂性和数据分析与决策复杂性的平衡，一所学校会被看作基本的单元，聚焦于分析、聚焦于数据、聚焦于探究。图1-3 描

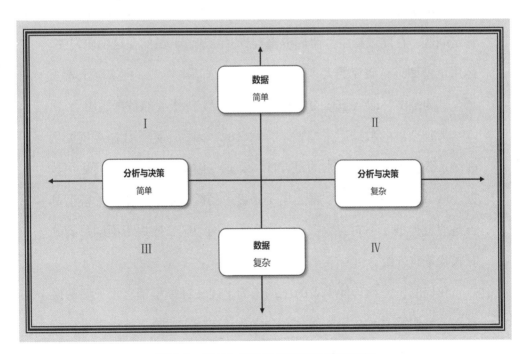

图1-3 简单与复杂数据驱动决策的框架

资料来源：G. S. Ikemoto 和 J. A. Marsh, /《切中"数据驱动"的要害：数据驱动决策的不同概念》,《全美教育研究学会年鉴》, 106（2007）: 105-131. 经 Gina Ikemoto 和 Julie Marsh 授权转载。

述了这个模型。

　　对这种基本类型的学校，倾向于运用简单的数据或者从事简单的分析。例如，学校的校长会注意到学生在州级数学考试中表现不好并为此安排专业发展。换言之，一个人在某个时间节点只使用一种数据来源。聚焦于分析的学校也聚焦于简单数据的收集，但是他们从事复杂的分析和集体决策。聚焦于数据的学校通常收集复杂的数据但进行简单的分析。例如，一所学校组织一个团队来考查学生学习的系列数据，但是他们并不借助于经验的或专业的知识去分析。聚焦于探究的学校通常收集复杂的数据并且运用复杂的技术去处理。这些学校采用多样化的数据来源并在一段时间内集体分析数据，以便寻找实践中的特定问题。在此过程中，他们也整合专家的知识。虽然在这项研究中，运用该模型进行研究的大多数学校称他们是基本类型，但实际上覆盖了全部的范围，即从基本的数据运用到以探究为中心的数据运用。

　　考查全部的数据运用模型是有意义的，因为不同的数据运用模型强调了分析不同背景因素的重要性，而这些因素影响学校如何运用数据。最后，模型揭示了数据运用不是简单易行的过程，单一的模型都不是理想类型，不同的数据运用模型在不同地区、应用于不同目的的时候才是有效的。

　　我们的研究和其他学者的工作认为上述几种模型都有相关性。换言之，我们需要对数据如何被概念化及其在特定背景下被运用进行清晰的理解，因为每所学校处于数据运用的不同阶段，有不同的数据收集和运用模式。在决策中使用数据方面，并不存在单一的理论或者模型。强调证据为本的实践和运用数据的能力需要在特定的组织内和更宏观的政策环境中考虑，因为这两个因素塑造着数据如何被运用以及为何目的而被运用。我们的目的是考查在创造支持性的、有助于教师能力建设的结构和文化过程中领导者的地位。这些要素增强或者降低数据运用意义的方式，对于在教育改进中如何提升数据运用的有效性有重要的启示。

（三）数据助力的领导之关键地位

领导者在探究式的数据运用过程中，扮演着关键角色，这一过程依赖于以改进学生学习成绩为目标的广泛数据来源。他们还面对着多种挑战，因为他们必须建构一种支持数据运用的文化和结构，以更有思想性的教学变革方式以提升教师数据运用的能力。领导者是支持和引领这些新的学习努力的关键和桥梁[39]。

如前文所述，我们支持数据助力的决策，而不是数据驱动的决策。这反映了我们的理念：数据并不驱动行动过程，而是提供探究的起点[40]。数据可以启示学校、学区和班级的规划，但是各种形式的数据是更好地适应某一个层次的规划而非其他[41]。领导承担的关于数据运用最重要的工作之一是提出合适的问题。通过提出合适的问题并且以特定的方式确定数据运用的过程，领导者在他们的学校系统内塑造关于数据运用的认知和成果[42]。

数据助力的决策是共享的过程。在过去，关于领导者个人的描述占据着教育领导研究的主体[43]。但是，跟踪今天学校改进的复杂困境，我们需要从对个别校长或者专家型教师的信赖中转移开来。实际上，关于教育领导的研究已经超越了个人主义。领导角色嵌入的概念

化和领导实践对某些人来说，是在更广泛
的意义上分享知识、专门技术和行动[44]。
数据助力的决策在学校和学区那些具有正
式职位的领导者之间共享，也在教师和领

> 数据不能也无法告
> 诉我们所有事，也并不
> 是所有数据都能推动教
> 学变革。

导者之间共享。个别领导者一直关心并越来越关心的是他们如何与他
人联系并合作。在学校和学区里，领导者最初通过为学校改进设置方
向来施加影响，培养共同的目标和规范，发展人力资源并且更改架
构，为支持学生学习创造更好的条件[45]。

随着教育领导在新方向上的发展，它所表征的领导观念也在不
断进化。一种新的基于建构主义学习理论的认知框架让我们认识到，
人们积极建构知识，学习是在特定社会情境下的互动过程[46]。因此，
任何改革的努力必须将教师和管理者对政策和行动的理解都考虑进
去[47]。换句话说，领导者应该积极地建构关于学校改进的理解，以促
进学生和教育者的学习，发展支持这种努力的条件。这一话题我们将
会在第三章探讨。

我们聚焦在认知维度理解领导，分布式领导的概念为我们考查
数据运用提供了有用的框架。它将我们看待领导力的视角从处于正式
职位的个体的内在性质转到将领导理解为，在一定网络范围内，人们
通过分享和互补知识与专业技能的合作[48]。因此，分布式领导的视角
并不是仅关注个别校长或者教师，而是关注团队工作[49]。焦点是学校
或者学区内人们之间的社会互动，而不是个别人的行动。因此，在数
据助力的决策中，我们主张教育者之间互相依赖、责任分担、人际
互惠，而不是相互控制和顺从[50]。分布式领导的视角对数据助力的决

策来说是重要的，因为改革依赖于学校和学区内多元群体的优势和技能。

诸多研究考查了分布式领导的观点，但是绝大多数集中在学校层面，而没有分析学区领导如何形成学校领导风格、过程和实践[51]。对于学校改进的数据运用而言，学区和学校层次的领导是数据运用的关键。因此其重点是理想的改革背景，在这一背景中考查这些特别的动力。学校系统在领导中扮演着关键角色并与学校合作，使数据运用成为改革的动力。在数据运用于决策时，包容性往往很普遍。

在支持数据运用于决策的学区里，学区负责人和学校委员会成员经常知道如何领导和支持数据运用。这些学区安排一些人作为校长们及学校之间的联络员[52]。学区和学校也在转变他们职业发展实践的重心，即从顺从转向支持，从而提升他们参与决策过程的能力，并且创造一种探究性的文化。不仅校长可以接触评价数据库，教师也被鼓励近距离接触并分享年级和班级层面的数据，相互探讨这些数据，以便做出教学安排[53]。

整体上，学术文献都肯定有效领导的重要性[54]，在数据助力决策领域中的最新研究认为，学区和学校、校长及教师之间的关系在不断变化[55]。学区和学校之间不断增强的相互依赖，引领数据助力决策的实践。这对理解领导实践如何变化和他们如何在变革中努力是非常重要的。

数据助力决策的概念聚焦在特定的学校或学区背景下人们的行动系统和他们的工作方式。在本书中，我们借助分布式领导理论来分析学区和学校层面数据助力的决策和领导实践之间的联系。我们解释学区层面的领导建构数据运用于决策的共同理解和导向，这些在学校层面上被正式的或非正式的领导所整合。从这个概念框架出发，本书聚焦数据助力的领导在学校和学区的数据运用中所扮演的角色。更具体地说，我们探讨以下问题：

● 学校中的人、教育政策、教学实践和模式如何形塑数据助力的决策？

● 学区和学校的领导者如何培育数据助力决策的文化？

● 目标、工具和规范如何促进数据助力的决策？

● 领导者如何支持教师们参与数据助力的决策？

● 数据运用对教学实践产生了何种影响？

（四）本书的知识基础

本书主要以一项全国性的多地点案例研究，研究内容是在表现优异、多样化的城市学校系统中实施数据运用。在我们的研究中，对学校和学区的选择是基于其地位、领导者在运用数据促进教学决策以及提升学生学业成绩的长期记录。在下面的章节中，将提供诸多我们的个案研究来展示数据助力决策的关键元素，以及数据助力的领导在推动决策过程中的地位。通过多种方式，这些学校和学区的实践体现了数据运用的优势，但是他们并未给我们太多关于困难——教育者们在他们投入这项改革时所遭遇到的困难——的信息。为了呈现更多样的成果，我们将在接下来的 4 章中插入一些其他地方数据助力决策执行与实践的案例，可能它们做得并不成功。这些案例来自我们与教育者的专业合作，被视为假设的状况，而非严格的研究案例。尽管如此，它们还是为我们的研究发现提供了重要的参照，也为运用数据的领导者提供了重要的教训。

（五）本书的结构

本书围绕数据助力的领导中 4 个主要的活动来组织：知晓背景、重构文化、重组结构和教学变革。为了切合这一主题，我们为教育领导者提供了重要的经验和教训。在每一章的结尾，结合每章主题总结了一些反思性的问题。在本书中，我们的目的不是为领导者提供可以追随的"处方式"实践，而是为了帮助他们在学校或学区特殊背景下更加批判性地思考数据助力决策的实践。

在第二章中，我们描述了教育环境的重要性，其中的人、政策、实践和互动模式以及在更广泛的意义上的教育改革和特殊的数据运用过程。欢迎读者运用他们自己所处背景中关于 4P（People、Policies、Practice、Patterns.）的知识来规划成功的变革。介绍我们研究的地区是因为理解它们的背景状况对学习成功经验是重要的。我们描述每一个学校系统和他们以数据助力决策的活动，作为提升学生学业成绩和组织学习的背景。

在第三章中，我们运用从学区和学校领导者那里学到的经验和教训，去解释学校和教育怎样重构文化以有效地运用数据。我们解释了教育系统和学校的领导者如何合作，以创建明晰的规则以及对持续改进的期望，从而营造信任的氛围，以便教师能够开放地讨论数据。我们借助新的行动理论去讨论学区和学校层面领导者集体的或个别的以实现文化重构为目标的、明确的行为和活动。

第四章聚焦领导者支持数据运用的工具、常规和资源。这些包括课程与评价新的思维方式，时间安排的新方式、新技术，数据使用规则的建构。我们描述这些时，表达的是集权与分权之间、压力和支持之间的平衡。

第五章讨论的是关键问题，即支持教师围绕数据从事教学决策的探究。不同的教育者可以考查相同的数据，得出不同的结论。这些不同的结论对平等和多样性有重要的启示。我们描述这些从研究样本学校中教师们认真反思的数据资源，以便规划教学改革以及他们所做变革的类型。我们强化建设教育者观察数据能力的重要性，以及他们理解自己已有水平上的反思，如何界定他们所看到的数据，以及他们如何根据这些规划他们的行动。

最后一章，对从事数据助力决策的领导者给出具体的建议。即从这本书中得到的经验给出关于数据助力决策的 7 个方面的特别行动建议。我们大胆地给领导者提供建议：通过数据运用来优化面向所有学生的教学实践，据此定位他们的领导实践。

我们希望学校和学区的领导者可以通过本书学习经验和教训，能够在数据运用方面变得更加知识渊博。无论能否改革，数据运用对教育改进来说都是关键要素之一，都应该成为持久的特征。数据助力决策的成功是那些领导者的综合成就。这些领导者能够激发整个教育系统中的其他人来实践。学会如何有想法地运用数据不是一时兴起的事情或者目标，而是不断进化的动态过程。这本书将帮助领导者学习如何在学区、校长办公室和教室里培育一种数据运用的文化和支持数据运用的结构。

第二章 教育改革的 4P

仲夏之际，助理校长詹姆斯（James）负责分析他所在中学前一年的考试分数，然后给校长提供建议。两个重要的问题迅速凸显：七年级的数学成绩比上一年下降了15%，八年级的历史成绩下降了8%。这所学校已经处于州警戒水平之下，两科成绩的下降会引起学区和州层面的进一步关注。对此，詹姆斯并不感到惊讶。去年，他观察了数学课和社会科学研究课，记下了教学中存在的两个问题。他观察到一位数学教师很不投入，而一位历史教师上课时很少关注学业内容。他把他的担忧告诉了校长，校长说他会"等到明年"来解决这些问题。但是，校长和教师之间关于此问题的对话至今从未发生。

詹姆斯认为校长的这种避免冲突的行为模式对成绩的下降负有责任。他感到沮丧的是，虽然校长征求了他的建议，但却从未执行过。詹姆斯对于解决这些从数据中显示出来的问题有很多好的想法：换掉一些班级的教师，提供专业发展机会，以增加对形成性评价的运用，并探求教学指导人员与需要教学支持的教师之间更好的合作方式。如果他的校长能够早点解决这些问题，也许学生会有更好的学习体验。然而，詹姆斯作为助理校长的正式职位限制了他的决策权威地位；同时，他和校长之间非正式的关系也决定了他不会产生太大的影响。

运用数据改进学校不仅是简单的技术性实践，或者说不是逻辑上有既定步骤的过程。很多教育者已经在应用数据来发现问题。教学实践的差距可以很容易通过学生成绩的数据和课堂观察来明确、详细地记录，但是制定解决方案和变革却需要更多因素。领导者运用相关数据改进学校的努力是复杂的，因为它们处于由来已久的由人、政策、实践和模式支配的环境中。这 4 个 "P"（People，Policies，Practices and Patterns）对教育改革是至关重要的。

一、理解数据运用的框架：4P 的力量

每一个学校和学区的背景都是独一无二的。一所学校拥有独特的领导和教师队伍，形成了自己的互动模式和习惯。一个人只要见证了一些关键人物的离开，就会知道人员对学校的巨大影响。另外，人们在既定的环境中通常有特定的互动模式。在同一所学校里，可能会有一个为了改进教学而有效合作的团队，同时另一个团队则无法忍受待在同一个房间里工作。在一些学校，教师们可能会产生重要的影响，而在另一些学校，他们的决策权却非常有限。你可能有一位直面挑战性问题的校长，也可能另一位校长的实践模式和风格是逃避或者拖延、不履行责任。

与过去相比，政策更多地形塑着学校的工作，学区也越来越多地在教育改革和政府层面的问责中扮演着积极的角色。在学校层面，这些政策影响了课堂上的教学实践，使得教师重点关注某一特定的内容领域而不是其他，或以某种特定的方式对学生进行分组，诸如此类。有时，这些实践出于历史的原因，"那是我们这里一贯的做事方式"是在学校里经常听到的一句话。

4P 包括了教育改革的背景或者说环境。4P 塑造着领导者和教师

的行为——他们如何看待自己的工作甚至自己承诺的水平。过去几十年的研究和实践所得出的经验强调：除非理解教育改革的背景，否则教育改革的努力就不能被充分地理解。这与以前的学校改革形成了鲜明的对比——那种改革被批评为对当地条件和因素不敏感，认为关于成功改革的建议在任何学校、任何时候都会有效。然而，我们知道，人是多样的，地点也不尽相同，人们与教育改革中的流程、工具和特定产物的互动方式也是多样的。也许教育改革的行动开展存在一些共同的模式，但有很多文献充分表明，地方环境中的很多方面是至关重要的。这些在执行过程中每时每刻都与行动交织在一起[1]。

以上这些对数据助力领导的意义是，我们如果不知道数据如何在学校中被运用，就不能充分地衡量这些工具与实践是否有效。每一所学校都有他们自己独特的"4P"，例如：

> 如果不了解这些工具或做法在学校中的使用情况，我们就无法全面评估它们在数据使用方面是否有效。

—— 一所学校的探究型教师团队会将旨在促进关于学生成绩数据对话的工具看作制约进步的因素，但另一所学校里的教师团队则可能因为不知道如何开展这样的对话而将其视为有用的指南。

——在公立学校里，教学受到诸如州考试准则等制度性障碍的限制。而在私立学校，这些问题不会那么突出。

——如果社区的家长们比较精通政治，教师们的改革行为可能就会被质疑，但是其他学区的家长可能就会让教育者自己决策，从而让教师们继续他们的改革进程。

通过理解学校或者学区里的人员、政策、实践和模式，我们能够更好地预测地方层面的改革如何进行。从更广泛的视角上理解数据运用，聚焦于情境背景的 4P 方法会帮助教育者更充分地理解改革进程的复杂性。

二、理解数据助力决策的 4P 方法

通过以情境为重点的 4P 方法来理解数据运用的过程，使得研究者和实践者能超越数据考查对教与学是否有效。4P 路径帮助我们将注意力集中在那些形塑过程的人和条件以及潜在结果上。基于社会学理论，詹姆士·斯皮兰（James Spillane）指出，在当地一所学校或者学区的环境中，不同的规则和资源可能会促进或者抑制互动。他认为，我们应该从实践的角度来研究数据运用。他把实践界定为"人们在工作中或多或少地协调一致的模式和工作中有意义的互动"[2]。我们通过考查实践所处的环境来发现实践的意义。

如果我们在一所学校内考察，就会看到行事的制度、讨论学生的方式和互动的准则会帮助或限制领导者运用数据。有时候这些特征起到帮助和阻碍的作用。例如，年级层面的会议给教师提供讨论数据的机会，但是他们限制了跨年级对话的机会。再如，标准化考试的数据使得它们对教与学的意义具体化为特定的表现，它们能决定教师围绕数据的对话以及由这些数据引发的决策和实践。州层面的标准化评价制造出一种需要注重提高学生核心科目（如英语和数学）能力的紧迫感，但同时减少了对其他重要科目的关注，因为这些科目并不经常被考核甚至从不考核。

斯皮兰（Spillane）强调的组织规则、日常互动和背景兼具促进者与制约者的双重功能，与早期作品中对教育改革的建构及其意义诠释的评论是一致的。[3] 这些理论有助于我们更深入地理解 4P，使我们可以更好地理解为什么人们以不同的方式应对改革。我们也由此明白了人、政策、实践和互动模式如何动态地相互作用，从而导致改革的成败。这些理论强调以下几个重要的观点：

——改革的执行不仅是意志和组织结构的问题，也是社会和个体学习的问题。教师和管理者如何看待数据大不相同，人们先前关于改革的知识和经验影响着他们对于新的改革项目的反应。例如，教师往往聚焦于新改革中他们熟悉的方面，搁置他们难以理解或执行困难的方面[4]。

——教师以个体的以及集体的形式获得意义[5]。教师之间的互动模式影响他们如何采取、适应或者忽略改革措施，从而调和这些改革对课堂实践的影响。富有经验的教师组成的关系紧密的团队很可能以相似的方式回应数据运用，但这些方式可能完全不同于来自由新教师组成的团队所产生的反应。另外，数学教师团队看待成绩数据的方式很可能不同于英语教师团队。

——权力和政治在教育改革中发挥作用[6]。我们从关于学校变革的研究中得知，处于权力位置上的人通常有机会塑造哪些是有价值的或者是优先的，哪些是不受重视的或者被抑制的[7]。为了理解人们在特定学校环境中的互动方式，我们还需要理解权力的角色。在数据运用的案例中，我们寻找一些例子来说明学区或者学校领导者如何推广数据运用的模型。这个模型可能适应、也可能不适应教师需要。我们还寻找了一些肤浅执行或者完全抵制命令的例子。诸如此类的微观政治动态存在于学区的方方面面，关于他们如何形塑改革的知识是十分重要的。

出于这些原因，领导者在帮助教师寻求改革的连贯性并在帮助他们学会融入当前的实践中扮演着关键的角色。为教师的专业人力资本投资——他们的知识、对如何合作的理解以及做出明智判断的能力——是非常关键的[8]。哈格里夫斯（Hargreaves）和富兰（Fullan）呼吁领导者通过改变学校和学区的文化来建立和传播专业资本[9]。实际上，高质量学区的突出特征是在领导者和教师的能力建设方面大量投资，尤其是围绕教学改进方面的投入[10]。在学校层面也是如此。从全球范围来看，优质学校都在持续投资以建设教师的能力。

这些理解人、政策、实践和模式的理论和经验的工具提醒我们，领导者在教育改革中扮演着至关重要的角色。他们制定改革进程的框架并引导其他人理解改革。领导者也协调改革与联邦和州层面政策之间的关系。运用数据助力的领导者需要从事所有这些活动，并且对可以帮助或者阻碍工作的当地情境保持敏锐。他们也需要拥有对数据运用的渊博知识，以便可以领导并示范数据的有效运用。本书在这些关键领域为运用数据助力的领导者提供了经验教训。为给后面的章节铺垫，我们描述了研究现场的数据收集过程。理解本书中的经验和教训，对于那些运用数据助力的领导者们学会如何在自己的学校成功实施类似的举措至关重要。

> 运用数据助力的领导不能与其所实践的环境相分离，因为数据的实际运用不能脱离其存在的情境。

（一）数据运用研究

本书中的质性数据由两阶段案例研究组成。我们考察了美国各地，展示了与数据助力决策相关的有积极成果的城市学校。我们认识到，学校层面运用数据所做的努力会影响学校、学区、州和联邦的环境，反过来它们也会被这些环境所影响。教育者在这些层次内或者跨越这些层次与他人、结构、技能、规范及政策进行了互动。图 2-1 汇集了本书中在数据运用过程中出现的诸多重要元素：

● 学生的学业成绩是数据助力决策的核心。

● 许多类型的数据都可以助力决策。

● 各种工具帮助教育者有效收集、分析和运用数据。

● 横跨学校和学区层面的领导力可以帮助塑造改革所需的知识、技能和能力建设。

● 在学校和学区层面都需要进行围绕数据运用的知识和技能的建设。

● 学校和学区层面结构性的支持、合作和能力建设是关键。

● 联邦和州级的问责政策会为学区和学校领导推动变革带来政治影响，但有时也可能成为限制条件。

我们的目标是拓展数据助力决策的过程和成果的知识。因此，我们实施案例研究以把握在学校和学区情境中大量数据运用的细节。研究主题和它的背景之间的界限不能清晰地区分的时候，应用案例研究的方法是行之有效的，而学区和学校层面的教育改革正符合这样的情况[11]。案例研究的目标是概括推导出理论命题，而不是指向总体。我

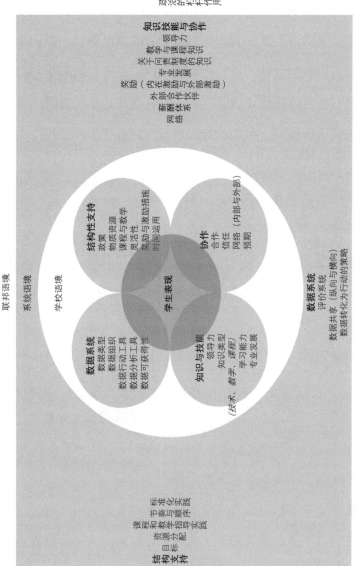

图 2-1　数据知情决策框架

资料来源：改编自 A. Datnow, V. Park 和 P. Wohlstetter，"用数据说话：高绩效学校系统如何利用数据来改进小学生的教学"（加利福尼亚州奥克兰市：新学校风险基金，2007 年）。

们不可能描述所有的学校和所有的教育者，但是我们可以通过细致考查其发生的若干案例来建构对数据助力领导的理解。

（二）案例点的选择

我们运用目的性抽样来明确和选择我们的研究场所[12]。本研究的资助者要求我们寻找具有以下特征的案例地点：有运用数据的领导者、有能展示学生学业成绩提升的记录、在校生背景在种族／民族和社会经济地位方面具有多样性。

为了寻找符合这些特征的案例地点，我们在各学区网站上进行了搜索，以发现在提升成绩方面获奖的学校和学区。我们也检索了关于数据应用的研究，咨询了资助者，也请在该领域的专业研究者、实践者和政策制定者推荐合适的学区和学校。

研究的第一阶段聚焦于学区层面，以此作为切入口，因为我们感兴趣的是学校系统如何支持数据运用。在这个阶段，有 25 个学区和特许学校经营组织符合我们的标准。由于其独特的性质和多样化的结构组织，我们没有使用从特许学校经营组织所收集的数据。在评审了学区和学校的网站后，我们和本领域的专家们进行了讨论并电话访谈了学区的领导，最后缩小了可选择的名单。我们为领导者设计了一套原创性的问题来帮助他们了解数据运用的支持情况，例如：

- 你的学区有数据管理系统吗？

- 学区是否期望教师们利用数据为教学决策提供依据？

- 学区提供过与数据运用有关的培训吗？

尽管我们所有交流的领导者都承认他们在运用数据后取得了成功，

但是也谨慎地称他们的工作是在"进程中"。我们最后选定了学区，要求每个学区的负责人在他们的管辖范围内提名两所在运用数据助力决策方面"走得最远"的学校。我们研究的第一阶段，调研的绝大多数学校都是小学。在研究的第二阶段，我们采取了类似的过程，但是重心是发现走在数据运用前沿的学校（而不是学区）。我们选定了50所学校，然后在这些学校进行了相似的研究，对校长进行了电话访谈，询问他们一系列问题，以确认在他们的学校里如何使用数据以及学区和学校层面如何支持数据运用。他们的答案让我们缩小了学校的名单。

本书中，我们分析的数据来源自3个州中3个学区的6所学校。出于保密的要求，我们将其命名为A学区、B学区和C学区。（在本书的附录中，我们提供了这些研究点在校生的背景概况。）每一所学校都是种族多元的，各个学校在校生的民族和种族组成不同。3所学校是高中，其中两所学校是九到十二年级，分别有1 600名种族多样的学生；另外一所高中只有九年级，大约有900名学生。这一独特的构成是学区为了提升向高中转型阶段的成绩所开展项目的一部分。另外3所学校是中大型的小学。中小学学校组合给我们提供了机会，来观察不同的学校文化和结构如何让教师们掌握数据的运用。

（三）数据收集

几年来，我们的研究团队对每个地点实施了两次调研。每次调研，我们都花两三天时间参观访问每一所学校和学区的办公室。第一次调研访谈是在学区的办公室，第二次主要是观察学校。在每一个研究点，研究团队分别访谈了两三位学区管理者、两三位学校管理者及不同年级和不同学科的教师。大多数访谈持续一个小时,但对学校和学区领导者的访谈时间更长一些。

进行现场调查的时候,我们请学校校长根据对数据运用的兴趣和参与度来确定一些教师。然后邀请校长推荐的教师参与访谈。有时,这些访谈引导我们去会见其他并未在校长建议名单中的教师。在每一所学校,我们试图涵盖不同年级的教师。在高中,我们选择了不同学科的教师,有可能的话,还访谈了学科部门主管。最终,我们访谈的教师从经历、年龄、性别、种族背景、年级和部门以及对数据运用工作参与的程度等方面涵盖了广泛的范围。

从 3 个学区和 6 所学校,我们收集到了以下数据:

● 访谈了 9 位学区层面的人员,包括学区主管、主管助理及研究或评价部门负责人。

● 访谈了 10 位学校的领导者——校长和校长助理。

● 访谈了遍布所有学校的 76 位教师。大多数的访谈是个人访谈,有一些是焦点小组访谈。

所有这些访谈都被录音并转为文字。

在每一所学校,我们对学校整体和课堂以及相关的会议进行了非正式的观察。在可能的情况下,我们观察了教师之间关于数据的讨论,以掌握数据助力教学决策是怎样在实践中形成的。因为有时在现场考察时,学校没有召开符合我们要求的会议,所以我们未能在所有研究现场都获得这样的信息。因此,在本书中,我们不能大量使用这样的数据。我们还在学校和系统层面上收集了大量对我们研究适用的文件(如数据讨论的协议、学校改进计划等)。

根据概念框架，我们阅读了访谈转录、文件和观察笔记以获得系统和学校背景下数据运用的总体信息、支持数据运用的文化和结构、数据运用效果的证据以及一些其他类别的信息。在此过程中，我们特别注意了特定的领导活动和组织特征是如何影响教育者运用数据的。我们根据这些想法对数据进行编码，根据这些编码后的数据为每一所学校撰写了细致的案例报告。这些报告帮助我们明确了在本书中探讨的跨案例的主题。

三、研究现场的重要特征

我们的研究现场在人、政策、实践和模式方面有三个共同的重要特征：第一，每一所学校都坐落在具有高风险问责体系的州里；第二，每一所学校历史上都长期具有稳定的有能力的领导；第三，每一所学校也都有支持数据运用的文化和结构。在每一所学校，这样的领导力和结构性文化资本为改革营造了积极的氛围，也表明这些学校具有改革所需要的高水平的能力。当然，不是所有的学校都具备这样的特征。那些进行相似改革努力的领导们应该仔细研究他们自己学校和学区的特征，以明确他们现有的能力水平并在此基础上开始改革。本书所提供的经验和教训对那些努力寻求发展这种能力的领导是有价值的。无论是哪种情况，了解背景环境都是关键的。

（一）人：稳定领导的历史

在数据助力领导的故事中人都是至关重要的，因为在我们研究的3个学区都有超强稳定性和能力的领导们。在研究开始的时候，A学区的主管在该学区工作超过了 25 年。她从第一份实习教师的工作开始逐步升迁。因其为学区提供了稳定而强有力的领导，同时支持学校自主决策而受到学校里职员的赞扬。她坚信要赋权给系统中各个层次的个体并运用渐进式的变革方式。她审慎地、温和地引导学校的管理者和教师，帮助他们认识自己是变革的主人，而不是自上而下地强加可能激发抗拒的强制性命令。分管课程和教学的主管助理也在这个学区工作多年并经历了多个层级的岗位。

这种特征在 B 学区同样存在。在研究开始的时候，学区主管已经在岗位上工作了 10 年。像在 A 学区一样，一大批学区的工作人员是该学区以前的学生或者经历了多个层级的岗位。同样，C 学区的主管从最初的学生到后来的教师身份，在该学区的经历超过了 40 年。在我们的研究开始时，她已经担任了 6 年的学区主管。课程主管也是在该学区中逐步升迁的。从教师起步，在我们认识她的时候，她已经在课程主管的岗位上工作了 5 年。所有的学区都有稳定的领导，也有关于其组织的历史性理解（historical understanding），同时，领导者也受益于他们与学区理事会和地方教师工会的和谐关系。

学校层面的领导基本上也比较稳定和有力。除了一位校长以外，其他学校的校长都担任校长达 4 年或 4 年以上。每一位校长都在教育领域有丰富的阅历。其中有几位校长还有在其他领域工作的经历，特别是在商业领域。一些校长解释他们在使用数据方面得心应手，部分是因为他们前期的经历。总的来说，本研究中的校长们很受学校教职员工的尊重。此外，只要学校校长们的决策能得到数据的支撑并且取得积极的效果，学区的领导者就赋予校长们在学校层面上相当大的决策自主权。特别需要指出的是，我们从未遇到任何一位校长因为学区的要求而感到受限制。这很可能是由我们样本选择标准的主要参数以及相对较小的样本规模导致的——我们知道在任何学区内对于改革都有各种不同的观点。

在我们的研究中，所有的学校都有正式的或非正式的领导团队。这些团队对支持和领导教职员围绕数据进行决策至关重要。通常这些团队成员包括校长、校长助理和数据管理支持人员（由其他行政人员和教师组成）以及年级代表。在所有的学校，领导团队对于建设围绕数据进行对话和将数据转化为行动规划的能力都是关键。

在学区和学校两个层面上，稳定的、强有力的、分布式领导对数据运用的实施具有明显的优势。领导者能够用几年的时间为改革打下基础，而不是他们刚被任命就不得不启动改革。正如我们在第四章中将要讨论的，这有助于领导者建构信任和支持数据助力决策的文化。

（二）政策环境：高风险的问责

州和联邦层面的问责政策充分体现在数据运用中，我们研究的学校也不例外。我们研究的所有学校都坐落在具有"强"问责系统的州，这些州课程标准和州考评体系相联系，如果学校连续几年没有显示进步的话，就必须承担后果。如果他们不能达到《不让一个孩子掉队法案》明确要求的程度，学区和学校的工作人员都能敏锐地意识到受州政府惩罚的可能性。因此，所有的学校和学区都处于达到或者保持高水平成绩的强大压力之下。

A学区里的一所学校面临着被州里贴上"薄弱学校"标签的威胁

之时，教师们投入以标准为基础的教学就更有动力了，开始使用自己创造的基准评估来监控学生在州标准方面的进展。一位教师解释道："因为这一年来我们学校的考试成绩下降了，我们学校预计将成为项目改进学校（Program Improvement School），……我们收到提醒说，最好采取一些措施。"这所学校的员工和学区都决定积极行动起来，开始与外界供应商合作，帮助他们提升基于标准的教育并开发数据管理系统。这个学区成为最早采用这一系统的学区之一，这所学校也没有沦落为项目改进学校，学生的学业成绩也提升了。整体上看，学区管理者认为问责政策是积极的转向，尽管他们对如何让学校对自己的结果负起责任有些担心。他们指出，学校可能会仅仅追求数据而没有给学生好的教育。因此，他们聚焦于超越数字本身，决定在问责中使用多种测量方法。

州问责政策对 C 学区的运作、评估进步和绩效评估方式也产生了很大的影响。州评价系统在《不让一个孩子掉队法案》实施之前，就提供学校的数据供公众查阅。实际上，学校考试结果要公布在当地报纸上。最初，C 学区排在全州 54 个学区的第 52 位。由于排名太低，该学区的理事会和管理团队设立了目标、政策和行动计划来提升绩效。学区的一位行政人员称州问责系统为"评判我们的测量标准"。正如一位学校管理者总结的："问责是促进变革的强大力量。它无疑是变革的推动者。更重要的是，如果你所使用的系统信度和效度不高，那么变革就有缺陷。"B 学区在《不让一个孩子掉队法案》实施之前，就有严格的数据收集和分析系统。自从 20 世纪 90 年代早期全学区的评价实施以来，数据助力的决策已经成为学区文化的一部分。

《不让一个孩子掉队法案》执行以来的变化是，该学区不得不根据学生背景的次级群体来分析数据，这是他们以前没有做的。

很显然，3 个学区都位于具有"强"问责系统的州。这些政策迫使他们加强数据运用，这也为领导者提供了政治性的杠杆来激励教职员关注学生学业成绩的提升。3 个学区现在都被认为是优质学区，但是它们都经历了由于学生低水平的学业成绩而改革的时期。数据助力决策的背景在各个学校和地区显然是不同的，比如有些学校的学业成绩一直很好，或者一些地方政策并未将学生成绩结果与高风险问责相结合。正如我们在后面的章节将会解释的那样，数据运用的动力必然是有区别的。事实上，这些条件可以很任意地结合。

（三）实践与模式：改革的共同特征

根据设计，我们研究的每一个学区都因数据运用方面领先而知名。研究中选定的每一所学校都被认为长期努力运用数据。因此，它们拥有这些共同的实践和模式：

● 所有的学区都有全区统一的阶段性评价和与州标准一致的课程。但是学校可以根据学生的需求做一些教学方面的改动，特别是这些需求得到数据支撑的时候。

● 学校有支持数据运用的规范和文化，有支持教师运用数据的通用结构。这种做法有部分原因是受到更广范围内的、聚焦于系统整合与协调的问责和改革运动的驱动。

● 学校进行季度性的或者更频繁的基准测试，要求教师们在合作性小组里分析考试结果。

● 领导者极力鼓励教师在规划教学时，利用多种评估学生成绩的手段来进行形成性评价。他们鼓励教师更广泛地思考到底哪些数据可以启迪教和学。

● 学区把数据储存在教师可以访问的网络化信息系统里。这个系统能够让用户及时和容易地获得学生的学业成绩数据和背景数据。所有 3 个学区在学区和学校层面上都有员工来帮助教师管理和使用数据。

正如我们在接下来的 3 章要不断展开讨论的，这些学校和学区的文化在各个方面都支持数据运用的改革。领导者格外用心地建立教师之间的信任，缓解教师对于数据如何反映他们自身——作为个体的教师——的担忧，促进对数据运用积极的导向。最重要的是，这些学校和学区是有能力改革的地方。我们选择它们参与研究是因为它们是数据运用的引领者，通过长期努力提升了学生的学业成绩。总的来说，它们在数据运用被引入之前就已经具有了积极的关系和实践。它们一直聚焦于学校的持续改进。这远早于数据的运用。所有这些因素都使得案例学校在数据助力领导方面的实践前景光明。

在很多方面，我们研究中的学区和学校具备了数据运用的理想条件。当然，在各种因素中，拥有稳定的、支持性的领导以及支持数据运用的实践和模式是更为重要的。也就是说，我们在本书中所列举的经验教训对各种背景范围的教育者都是有用的，因为它们展示了支持建设数据运用的多种方式。我们不仅展示了哪些做法是好的，同时也揭示了领导者是如何做到的。这些经验和教训给我们的启示是：领导者将改革措施基于他们对自己学校和学区 4P（人、政策、实践和模式）的深刻认识时，建构自己和员工运用数据的良好技能将会受益匪浅。

四、总结

构成学校或者学区的人、政策、实践和模式是教育变革中的强大塑造力量。如果不能充分理解4P，就不能认识到它们的重要意义，那么任何对数据助力决策举措的引入都将困难重重。在此意义上，数据运用的背景决定了一切。

讨论思考题 ···○

领导者开始领会数据运用中背景情境的重要性时，应该明智地问自己下列问题：

● 此前的改革历史如何？教师们在其他与此类似的改革举措中积累了哪些经验？

● 学区和学校层面的领导是否稳定？学校层面的领导是否由多人负责？

● 在教职员工中，谁是推动或阻碍数据运用的关键人物？

● 教师和领导者现有专业能力如何？他们是否有能力开展新的实践和任务？

● 哪些已有的人际互动模式会有助于变革或阻碍变革？

● 目前哪些现有的规则和做法支持数据运用？哪些已有的行事方式会阻碍数据运用？

● 不断变革的州和联邦政策如何影响本地数据运用？当前问责体系测评的成绩记录如何影响数据运用的潜力？

第三章　重构数据运用的文化

石田（Stony Field）是位于郊区的学区，其学生一直在标准化测试中表现非常好，为我们提供了建构有效运用数据的学校文化的案例。对于学区的领导者而言，激励教师严格地检视数据和自己的教学实践是非常困难的，因为教师相信他们现有的教学模式是有效的。学区还需面对家长要保持高水平学业成绩的压力。这些原因使教师对尝试新的方法感到害怕，因为这有可能会导致考试成绩下降。

与此同时，学区的领导者越来越担心州级考试无法测试他们所希望学生学到的高阶思维能力。他们希望教师更严谨地检查学生的学习。该学区投资了一个数据管理系统，以便教师能够更高效地运用数据。但是，教师们习惯了高度自主，质疑为何学区要收集这些数据以及数据怎么被运用。他们担忧会因忙着打分和输入成绩数据而导致没有足够的时间去准备教学工作。

经过周密的安排，每个年级的教师每周至少有两个小时的合作时间。有些年级的教师努力将其变成常规或半常规的例会，但其他教师则并非如此。玛丽亚（Maria）是一位有着多年教学经验的学区管理人员。她表示教师的会议文化必须从关注琐碎的事情转向围绕学生工作的深入探究："在我的经验中，很少以系统化的方式来消除教学'黑箱'的神秘性。即使是在恰好相邻教室的教师之间，我们分享课堂练习题、课题想法，甚至每周坐在一起讨论课程安排，但是我们似乎不会有机会到教室里相互观察对方，不会坐下来一起分析数据或者分担对那些在基准测验中尚未达到合格水平的学生的责任。"要想实现目标,我们需要一种文化的转型。

激励教育者把重点放在"分担责任促进学生进步,以实现有意义的目标"这一共同责任上,是重要的领导实践。但是建构这样的文化和发展共享的目标可能是挑战。娴熟地运用数据的教育者需要在一种文化中工作——这种文化将数据运用作为持续改进的工具。建构这样的文化需要领导者帮助员工超越只使用问责数据并告别一种简单地依赖于外部命令的态度。

一、创造指向持续改进的数据运用文化

领导不仅影响实践,同时也影响信念和规范。就这点来说,领导者在建构数据助力决策的文化过程中扮演着关键的角色。在我们的研究中,领导者理解他们不能简单地命令员工对数据进行富有成效的运用,而必须努力帮助组织中的人们理解数据运用的前景和目标。

在本章中,我们分享来自学区和学校领导者的经验和教训,展示学校和教育系统如何实现有效的数据运用。我们解释教育系统和学校领导者共同创建明确的规范和对持续改进的期望,营造一种信任的氛围,使教师能够开放地讨论数据而不用担心造成负面影响。我们描述领导者在他们的学校和学区里如何转变文化以促进有意义的数据运用。这要求领导者有意识地通过推行新的规范、框架和信念体系来改变文化。我们倾向于称其为"文化重构"[1]。为了给其他领导者提供以研究为基础的经验教训,我们描述了所观察到的领导者在学校和学区层面的具体行为和活动,解释了领导者如何合作或者个别地完成文

化重构的目标，也阐释了他们在此过程中面临的挑战。

按照我们在第一章中讨论过的分布式领导模式，学校和学区层面的文化重构过程必须领导团队共享和强化；加强学区和学校领导者之间的联系；让教师心里产生信任感，而不是以猜疑的方式来使用数据。

最后一个要素可能是最艰难的，特别是在现在的政策氛围里，教师经常因为他们学生学业成绩低下而被问责。

我们研究的 3 个学区都在培养不同类型的校长和教师对数据助力决策的兴趣。这些校长和教师中的多数人已经在教育系统中工作多年。特别需要指出的是，学区领导的稳定性无疑有助于他们有效地利用校长和教师的信任来构建数据使用文化，建立共同责任感。正如我们在第二章中所描述的，校长和学区的教职员工之间有相互信任的历史，无疑也起了一定的促进作用。这些学区利用类似的方式来培养学校对数据助力实践的兴趣，我们可以从他们的经验中学到很多东西。

二、文化在促进数据运用中的作用：学校和学区间的伙伴关系

对数据运用的前期研究揭示了聚焦于结构的重要性，也揭示了直接地对待学校和学区文化的重要性。我们会在下一章中关注结构，在此我们将注意力聚焦于学校和学区文化方面。早前的研究为学区在学校改进中（在数据运用方面也一样）发挥的关键作用提出了一个引人注目的观点——认为由于学区的参与有限，许多学校改革的

努力都失败了[2]。学区在学校改革中是关键的行动者，提供了教学领导，调整了组织的方向，保持了建构一致性及对平等的关注[3]。关于学区的研究强调了教师和学区之间开放的、明确的沟通渠道，对推进支持教学改革的职业共同体建设过程具有重要作用[4]。这些要素对学区实现其目标都是关键的。通过对数据运用的一项跨学区研究发现，一种信任的数据运用文化是形式更复杂的数据助力决策的主要促成因素[5]。如果存在信任，教师们愿意有建设性地相互进行挑战，并且把问责体系视为有益的而非威胁。但是，培养这样的文化并不容易，因为教师有时候并不信任数据[6]。学校领导者也经常焦虑自己领导数据助力决策的素养和能力。这种不安会导致自信心的缺乏和无力感[7]。对于很多领导者来说，必须进行根本的思维转变，数据运用不仅仅被理解为责任追究的工具，而且也被用作持续改进工作的辅助工具。

将卓越和平等排在学校和学区改革议程的最前沿是建立数据助力决策文化的关键。例如，在一些学区里，那些致力于提升低收入群体和有色人种群体学生的学业成绩的领导者和教师，考虑的是学生的优势而不是缺点，以确保所有儿童都能达到高的（学业）标准[8]。像这样的领导者尊重多样性，能够推动不同利益相关者之间的对话，对所有儿童都有很高的期望[9]。

总之，建构数据运用的文化最重要的要素之一是，在学校和学区之间营造共同承担[10]改进学校责任的氛围。实际上，这已被认为是成功支持教学变革的学区的关键特征之一。霍尼格（Honig）和科普兰（Copland）称这样的安排为"学区和学校间以学习为中心的伙伴关系"[11]。在他们的研究中，学区领导者与学校领导者之间建立了伙伴关系，而不再侧重于监控与服从。这种伙伴关系源自互惠责任的观念以及学校和学区都重视改进学生学习的理念。基于这些研究背景，我们的研究转向领导者如何在他们的环境中转变文化。

三、理解变化的发生和数据的运用

为了创造一种数据运用的文化，领导者首先要理解变化是如何发生的，障碍是什么以及如何持续改进。在理解这些必要的前提条件之后，我们研究中的领导者们就他们如何采取数据运用的行动提出了理论，需要什么样的领导行为才能让人们都参与改革。

在 A 学区，领导者明确地谈到他们关于变革的理论和改革的可持续性。他们理解，因为在整个系统中使用数据进行决策是一项新的工作，他们无法简单地要求人们改变或者认为人们会自动地看到他们努力变革的内在价值。学区负责人承认这样的变革——特别是长期的变革——需要花费时间："你知道的，你在盒子外面弄个新的包装，因为改变表面是有趣的，但是真正改变盒子里的东西是困难的。并且，我想我们接受了必须面对困难的工作。这正在改变我们的行为。这些都需要时间。"

尽管，从长期来看，他们有关于数据运用和教育改革的雄心，但也意识到变革不得不缓慢地、渐进地进行。如这位学区主管所解释的那样：

> 我们已经非常接近于改变的边缘，但是你不能造成人们的焦虑。你必须始终保持战略性的态度——"我们到底能让他们前进

多少而不使他们崩溃"？

在所有改革进程中，领导者都必须考虑教育者的情感反应和他们的认知需求。参与我们研究的领导者都非常理解这一点。此外，A 学区的管理人员非常相信数据助力的决策，但是强调了正确、谨慎地运用数据的重要性。学区主管在反思了他们运用数据来改善学生排课和分班后说："所以这就是数据中蕴含的重要信息：只有你认真思考你想达到的目标才是好的。"

C 学区的一位学校管理人员表达了相似的观点：数据是重要的，因为他们帮助教育者精确地找到问题的根源。然而，她告诫她的同事，数据只能引出问题，只有分析问题的根本原因后才能找到解决办法。她进行了医学上的类比：

> 你头疼的时候我可以给你阿司匹林。但是，如果你的头疼是动脉瘤引起的，那么给你阿司匹林是没有任何帮助的。对于教育和数据来说，道理是一样的。如果你不能分析数据并深入地看到问题的根源，可能只是以错误的方式解决问题或者解决错误的问题。最终，对学生毫无助益。

学区管理者希望教师能够学习使用数据，不是为了让他们的工作量增加，而是帮助他们"更聪明地工作"。他们希望数据能帮助教师深入地挖掘问题的根源，而不只是找出学生掌握起来有困难的内容或掌握教学大纲的教学标准。例如，数据不应该只用于界定某个学生的音素认知薄弱，而是应该精确地确定该学生薄弱的具体领域——可能是多音节词汇的分解有困难。对于 A 学区和 C 学区的领导者来说，数据帮助他们开始了解如何改进教和学的探究过程。

我们研究的所有学区都共享了数据助力决策文化的重要因素：来自校长的支持。与A学区宣传的谨慎地运用数据的信息相符，该学区的一名高中校长也努力支持数据运用的文化。一位教师告诉我们，他们校长早在雇用她之前就明确了数据运用在学校中的核心地位："数据运用确实是校长想推动的事情……她自动地认为你会运用数据来帮助你决定需要做的事情以及往哪个方向努力。"校长也因"用积极的眼光"来呈现数据被另一名教师赞扬。这名教师接着解释校长怎样将数据运用当作带有脚手架的学习机会的："我的意思是，她给你提供了这次机会，如果你觉得比较困难，下面会有安全网接着。如果你失败了，那么重新再来。你知道，她这样做的时候不带个人感情色彩，而是让人达到他们自己能达到的水平。"校长对数据运用的态度及其与教师的工作关系反映了该学区对能力建设的重视。领导者采用这种方式时，他们承认不同的人处于不同发展阶段，因此可能需要不同方式的支持。

（一）确定期望值

数据助力的领导者在创造明确的期望中扮演着关键的角色。这种期望可以对抗那些消极的看法和可能阻碍数据运用的一些想当然的假设。在一定意义上，这意味着学校和学区必须制定一种以证据为决策基础的规范，同时也必须在教师团队、学校和学区层面创造一种探究性的文化。学校和学区办公室需要紧密合作以改进教育。学区强调相互问责的需要，学校要对学生成果负责，学区办公室的主要责任是为学校提供支持和资源。学校和学区具有双向交流的信任关系。值得注意的重点是，在这 3 个学区，校长都显示了他们与学区办公室的工作人员有相互支持的关系。

随着时间的推移，C 学区的领导者形成了一种明确的期望，就是每一项决策都要有数据支撑。一位学区管理者的话得到很多员工的响应，他说：

> 没有数据我们不做任何事情。没有数据的话，你做不了好的决策。因为如果你做了决策，那只能是直觉或者猜测。

C 学区的领导者设定的期望是，如果没有数据作为支持性的证据，那么校长们不应该（向学区）要求额外的资源或人员。但是，高期望是双向的，这也鼓励教师和校长把学区看作支持提供者和合作伙伴。C 学区的一名校长解释道：

> 学区在培训我们，和我们沟通，在帮助我们运用数据和如何阐释数据等方面都做得非常出色。

B 学区期待每一个人都会运用数据，正如一位教师所说的，"不要在黑暗中摸索"，或者像另一个玩笑所说的要避免"蒙上双眼掷飞镖"。相应地，该学区提供了快速访问数据的方式。一名教师解释说：

> 我们和学区步调一致。学区相信数据，校长相信数据，我们也相信数据。我的意思是，除此以外无路可走。

教师们强调数据"可以更好地开阔你的视野"，帮助教育者认识到教学并不总是导致学习。例如，一位数学教师已经在课堂上教过长除法，但是如果大多数学生都不能理解如何应用该方法来解决问题的话，那么"教"就并没有导向学习。数据也为发现渐进的成功提供了机会。

为了培养有助于数据运用的文化，A 学区将数据作为实践的必要工具。（学区的）主管助理解释道：

> 我们必须给我们的教师传递一种理念——这种理念是其他行业都有的，无论是医疗行业还是其他行业——他们不能想象不利用数据就能做好他们的工作，也无法想象只是问责，但不给予他们任何达到目的的工具……应用数据必须成为一种期望，就如对健康福利和体面薪资的期待一样，他们应该期待有这样的工具。

为了使数据真正有用，教育者需要根据他们对信息的理解来贯彻和采取行动，而不仅仅是拥有一种促进数据运用的文化。A 学区的主管问道："如果不做一些改变，数据有什么好处？就像你知道血压高，但是如果你什么也不做，还是会死掉。那么，你还不如别量血压了。"

因此，学区领导者赋予学校工作人员自主权，让他们根据数据来做决策，特别是在校期间和放学后对学业表现不良的学生进行辅导和干预。例如，A 学区的一位校长说："每年（干预班）的学生都不同，今年也还是不同。每年我们都分析干预的数据，并且准备微调干预措施，尽管这几乎让我们发疯。"学区也非常相信教师的领导能力和教师的能力建设。正如学区主管所说："校长频繁流动，学区主管也频繁流动。如果真的想改变我们的教育系统，唯一的途径就是改变教育工作者的信念。"因为心中有这些理念，A 学区在所有教师中间建立了一种信赖而不是服从的文化。

（二）为了决策共享数据

有时候，文化的变革发展缓慢。在 A 学区，通过一系列相互关联的措施，文化慢慢扎根了。为了在学区最高领导层次上形成数据共享和运用的文化模式，学区把全学区范围内的数据作为整体进行考察，然后生成校级报告，将每所学校与学区里的其他学校进行比较，再聚焦于每一所学校的数据进行分析，以便学校管理者和教师能够反思自己学校的优势和不足。学区的领导者推动了学校之间进行学校层次的数据共享，确保教师能够获得他们自己班级的数据，校长们和数据团队能够获得所有学校的教师数据。

作为数据共享的基础，所有学校之间的合作都被高度重视。然而，合作并不意味着矛盾和分歧不会发生。实际上，C 学区的一位校长评论说，使数据变得有意义的关键是教师之间的工作关系。她说，那

> 信任已经根植于学校中时，为了共同的目标而努力成为一种规范，那么有益的争论就会经常发生。

是因为"没有合作和协同，数据运用是不可能发生的"。她认为教师之间经常会有活跃的讨论，还回顾了某一次同一部门的教师认为每周评估学生频率太高的事件。她说，"我们为之争论了很长时间"，最后他们通过多次讨论数据相关性和对频繁测试的需求解决了这个问题。一位学校管理者有这样一条宣言："无论在会议上发生什么，让它止于会场内。"她的理念是"争议肯定是应该发生的"，因为"如果没有异议，那才有问题，因为每个人的性格是不一样的"。

同样地，在 B 学区，校长和学区管理者也试图营造一种与学生

的成果相关的"我们感"（We feeling）。校长努力培育分析数据的团队精神："重要的一点就是，我们都要对所有反馈的数据共同承担责任。不能因为只是英语考试的分数，我们其他学科的人就不用关心。"她致力于帮助所有的教师感受对数据结果的责任，不管是不是他们自己的教研组或者内容领域。这样做的目标是使他们共同努力运用数据或改进——而不是质问"这是谁的错误"。推广这样的规范也符合学区和学校关于合作与协同重要性的信念。

这样的态度至少在 B 学区的一所学校存在。同时，我们也在所研究的一所高中里看到了相似的模式。一位教师深刻地捕捉到这一点："一些老师不喜欢不好的数据反馈回来。对我来说，如果收到不好的数据反馈，我会想知道'我哪里做得不好，怎样才能弥补'。而一些人会认为，'呃，我是一名不好的老师'，然后就没有下文了。我想，我们的团队收到反馈回来的不理想的数据时，他们会思考：'哦，不，这些数据太糟糕了，你们的数据怎么样？'然后他们自然会说，'你们做得这么好（得到好结果），我们也这样做吧'。"就像他的评论所建议的那样，一些教师团队已经培养出了不以价值判断的方式来评估数据的文化；而另一些教师则发现，这一过程对个人来说较为困难。（我们会在第四章和第五章更详细地讨论教师合作动态的问题。）

尽管学区和学校的领导者强调客观地、以非个人化的方式看待数据，但是这种方式并不总是适当的。毕竟，教师对数据的反思结果可能会影响学生的学业发展轨迹和生活。让一些教师承认不带有感情色彩地来反思数据是困难的，因为毕竟他们在学生身上有非常多的投入。数据也帮助他们对自己职业能力和效能感进行判断。因此，采取一种完全无感情的立场并不总是可能的，也并非总是合理的。

四、通过灵活性和教师专业知识建立信任

在数据运用中建立信任需要尊重所有参与其中的人员，并且要具有足够的灵活性便于在每个学校和班级中加以应用。A学区和C学区在过去10年中开始使用数据，但是B学区早在20世纪90年代初实施全学区范围内的评价系统时，数据助力决策就已成为该学区文化的组成部分。B学区管理者以课程、教学和评价考核形成的三角形为关键要素，提出了不断调整数据助力的思想，使之与三角形的三条边（三要素）保持一致。他们相信：

● 教师是课程、教学和考核的专家。

● 数据对于确定教师是否成功地提供了以课程为导向的教学至关重要。

● 评价应该与教师的日常教学内容相关。

因此，他们要教师自己撰写考核试卷并依据通用的规则打分。教师不断的投入有助于构建三角形的每一条边。通过促进教师的参与，B学区建构了数据运用的文化。

B学区的学校被赋予了灵活性和学区层面的支持，也被寄予很高的期望。学区设置了关于课程、教学和考核相一致的基调，并要求学校贯彻实施。虽然说有些决策是以合作的方式做出的，但在信息流通和政策执行的方面还是给人一种较强的等级感。尽管如此，学区和学校层面合作的态度还是产生了良好的沟通。对各个学科的教师来说，

如果他们在特定的课程教学中需要帮助，那么求助于别的学校的同事们也是常见的。如果担心数据会被用于惩罚他们自己，教师们就不能有效地运用数据。为了解决这一问题，A学区的管理者们努力创建一种学校管理者与教师之间的信任关系，以营造没有威胁的数据运用氛围。他们明确地表示，教师不会因为学生学习成绩评测结果而被评估或者受到惩罚，相反，教师的目标是运用数据作为工具，来发现教与学上有哪些方面需要改进或者变革。

A学区的一些高中教师特别评论了校长对教师们的高度信任，以及校长如何尊重教师们的评判。这位校长甚至允许教师退出全学区的教师专业发展活动，因为很明显，教师们的知识水平高于学区的教学指导人员。一位教师说："我想说的是我们有很多的话要说"。另一位教师认为，她可以灵活地根据数据来修改她的授课方式，因为校长"让我知道她对我在课堂里做的事情非常有信心"。

建立数据运用的常规时，我们必须多一些关心和思考。A学区的一位校长解释道，她最初到这所学校时，必须以积极的方式介绍数据运用，以便教师们理解她不是试图挑刺或者批评某个人。人们面对数据的时候会有抵触情绪，所以她把数据看作是学校作为一个团队应该如何改进的指标。另一位校长一开始不断提醒教师们，数据可以用于提出问题并帮助其改进，从而使数据运用更加能让教师接受。一位教师这样表达诸如此类的情绪："太令人失望了。我工作这么努力，才得了这么点分数。"这位校长回应道："不要这样想，不要以这样的方式看待分数。我们现在能做的是告诉自己：'我们下次该怎么做才能做得更好？'"发展这样的数据运用文化需要时间。这所学校的教师们表示，他们经历了关于学生学业成绩数据目的性的思想转变。他们不再将数据看作是用来强调"我们做得不好"的时候，就开始将数据视为提示"我们需要帮助的地方"。

我们访谈的一些教务主任表示，他们非常赞同学区经常提到的关于医生和化验结果的比喻，表达了对数据是诊断性工具而不是对他们能力评价这一观点的认可。一位教师将他们的情况与牙医进行了比较："牙医的工作对象是患者的牙齿，并尽可能取得最佳结果。你不会听到牙医说：'我的病人有了一个新的蛀牙，可是我去年刚补了三个，可见我不是好牙医。'"尽管医学的类比有很明显的局限性，但是它可以帮助我们客观地对待数据运用的过程。

在 C 学区，数据运用是改进学校工作的有力工具已成为一种共识，尽管最初接受这种思想面临着各种各样的挑战。学区主管记得在开始时，校长们不相信学区基准测试的效度。她回忆道："我们花了3 年的时间才让校长们相信学区自己开发出来的基准测试的有效性。"教师们同样也为基准测试的发展做了很大的投入和贡献。

和 A 学区一样，C 学区的管理者也正在努力发展一种可以讨论数据而不用担心受到影响甚或威胁的文化。学区主管解释，"教师们要相信，即使分数很低或者做出了错误的决定，他们的世界末日也不会到来。"她强调，如果学业成绩数据很糟糕，只能表明——我们要承认现有的教学策略对某些群体或者特定的学生是无效的，而不是"终于抓到你了，你的工作非常差劲"。她相信，发展信任感是"自上而下、自下而上、相互支持"的过程，其目标是校长和教师们能够在共享数据的时候感到安心。这也再次反映了学区建构一种聚焦于持续改进文化的愿望。在这样的文化里，错误也被看作是改进的机会。

五、创造对学生期望较高的文化

我们研究的众多学校都是如此。在学区和学校层面上，创造数据运用的文化包括营造氛围，在这种氛围中讨论学生的成绩时，不是只关注学生的缺点，而是聚焦学生已取得的成绩以及如何进一步提高。

> 数据在帮助创造所有学生成绩提升的主人翁责任感方面是有力的。

我们研究的学校中都有大量低收入家庭的有色人种学生。部分教师一开始对那些来自不利背景的学生持有较低的学业期待，这是必须克服的障碍。例如，A 学区的一位校长明确地劝导她的教职员工说："是的，我们面临挑战，但是我们的学生是可以学好的。现在，看看那些做得很好的学校，和他们比较一下，我们也能做到的"。她指出，只有学校开始以教师为单位分析数据，大家才开始理解数据的实质性作用。具体而言，学校开始系统地考察每个教师的数据——他们所教的学生、教师出勤及其他诸如此类的数据——教师们才开始转变他们对于学生们的信念。教师们开始审视他们自己的特长和弱点，教师之间的对话也转向如何相互帮助以改进自己的教学实践。

问责系统会促使教师和学校分析他们如何服务于所有学生，而不是只服务于那些"无论老师做什么"，他们都能学好的学生。分解学生的数据到次级群体的指令，使得 C 学区能够指出不同学生群体之间学业成绩的差异，号召教师们都行动起来。一名学区管理者解释道，该学区的目标是缩小不同群体之间的学业成绩差距，尤其是缩小有色人种学生和白人学生的成绩差距。她把学区的成功归功于他们对学生所产生的信念：

> 我们对所有学生负责。不管他们进校的时候是什么样的基础，我们会尽我们所能以最快的速度让他们取得最大的进步。只要他们身处校园之中，就是我们的职责所系。

发展这样的信念系统需要时间。学区主管相信一旦教师们开始意识到问题是教学策略而不是学生本身，那么所有学生都会真正学习。她说："除非你改变教师的理念，此外，没有什么东西能产生重大的改变"。她相信改变态度这一挑战性任务的第一步是建构信任，以便教师能够拥有足够的安全感，愿意参与会议并且愿意说"我的学生没学好"，然后问"你们怎么能够帮助我"。慢慢地，这样的文化会弥散在所有学校中。

A 学区也努力营造一种高期待的氛围，数据是这一过程中不可分割的组成部分。一所学校的数据团队领导者说："在我们的愿景中，很大部分是既不自满于学生们现在的状况，也不对他们做先入为主的判断。"我们访谈的大部分教师表示，他们相信学生们有能力达到较高的期望值。一位五年级的教师很简洁地说，"我们不这样说：'这个小组做不了这个'，这不是我们这里用的话语"。另一位教师补充说，"我们学校的哲学不是'这个孩子做不到这一点'，而是'我们该做些什么来确保学生们能够做到这一点'"。同样，在 B 学区，学校和学区的教职员工里有很强烈的感觉：所有的学生都能够学好，必须用高标准要求他们。一位教师热情地报道了教师们对学生学习的态度："我们学校的老师们认为，他们能够让所有人做好任何事情"。

数据可以成为改变陈旧思维方式的不可或缺的部分。在 A 学区，学区领导者们提供数据来鼓励小学校长们和教师们提高对学生的期望值：

> 我们展示给校长和教师们的是，如果学生在六年级的时候不能在州级考试中取得合格或良好的成绩，那么他们进入九年级并且在严格的大学预科班课程中获得成功的可能性就会急剧变小。并且，如果他们以低于或者远远低于合格水平的成绩离开小学，他们在九年级能毕业的可能性都变得微乎其微。教师们听了后都说："天哪，这可不行，我们必须得努力教好他们。"我们还需要一些时间来看他们是不是发生了变化，但那的确是我所看到的最能激发教师们的动机之一。而且这是简单的数据，跟我们给高中教师展示的小图表是一样的。

A 学区的领导者不仅关注数字型的数据，也依赖对学生和课堂里观察的数据。学区主管说："数据给你鸟瞰系统的视角，看到了可能会让你痛苦，但是不看的话你不知道该怎么改变"。在第五章中，我们会更详细地解释学区如何运用观察到的数据。

六、信念的转变和持续的紧张

尽管面临着挑战，但是我们研究的所有学校的教师们都认为数据是有意义的，也是必要的。一位教师说数据帮助她反思自己的教学，使她认识到："为了提高学生学习成绩，仅仅站在讲台上教书是不可取的，因为那样学生学不到什么。我需要思考我还有哪些其他教学策略可以用。" 3 个学区的很多教师都注意到，数据揭示了他们所教的与学

57

生实际学到的之间巨大的差异。数据也一直帮助他们评估学生在学习中的优势和不足之处。

分析数据可以发现那些以前被忽视的问题，尤其是特定群体学生的问题。例如，在一所学校里，教师发现，45%的优秀学生的分数在一年内降低了。这些信息帮助他们认识到，除了聚焦落后的学生，还需要对优秀学生也严格要求。在某种意义上，数据被用于确认教师在过去基于职业判断就可能知道的问题。学区管理者把它比作人关注自己的体重："我不必站在秤上才知道我的衣服是不合身的。"

绝大多数教职员工，特别是领导者们，都能够说出为什么数据在教学改革中是关键的以及如何扮演关键的角色。很多教职员工指出数据是识别自己的优势和劣势以便改进的有力工具。教师们评论道，数据为他们的教学提供了焦点和方向。一位有10年以上教龄的教师相信数据运用产生了重要的改变。她说："过去你可以只做你喜欢做的事情，你也享受做这样的事情，但是，那并不一定是学生所需的。"B学区的一位教师表达了相似的观点，强调数据对于合理决策制定的重要性："我认为你必须运用数据，否则你不知道你做得怎么样，你也不可能做得更好。如果你不知道过去做得怎么样又怎么能知道如何做得更好呢？"另一位教师说："数据帮助我做出如何教好学生的更专业化的决策。"换言之，运用数据能让教师们更多聚焦在问题上，有助于达成对问题及解决之道的共识。

当然，教师持有不同的观点，这些观点会在学校里产生关于数据运用的批判性的、有益的对话。大多数的批判性观点认为数据只提供了狭窄的窗口。B学区的一位教师说："我确实相信数据能揭示一些事实，但是不可能显示事情的全部。"同样，A学区的教师发现评价数据有助于改进教学，但是他们也认识到，数据无法告诉他们帮助学生学业成功的所有措施：数据可以帮助他们精准定位问题所在，但是不能精确地告诉教师们如何改进他们的教学实践。另外，一位教师注意到，有些学生不认真对待考试，所以考试的分数不是他们学业成绩的真实反映："有些学生认真对待考试，所以考得好。但对很多的学生来说，没有动力认真对待考试，他们也知道这一点"。另一位教师注意到另外一个潜在的问题是测试本身。她问道："这道考试题目到底出得好不好？这有助于我们重新出考题或者仔细看看考题，然后说'这考题出得不错'，或者说'这次考试根本没有考我们已经教过的任何内容'"。

毋庸置疑，数十年来的研究支持了一个观点：学校文化的变革是困难的[12]。我们在此分享的案例显示了学校在建设基于数据决策的文化，将其融入学校生活中时所取得的成绩和面临的挑战。根据种族、民族和收入水平来分析数据，用多种方法来衡量学生的学业成绩都为解决问题和重塑对学生的期望提供了可能性。作为这个过程的一部分，学校和学区的领导者已经开始努力创造一种对所有学生抱有高度期望的文化。

我们在学校和学区利用数据改变平等对话现状的努力也得到了研究的支持。大多数学区已经不再容忍学生之间存在成绩的巨大差距，学区的领导者、州政府和公众也都不再接受在学校系统中只有一小部分学生能够获得成功这一状况[13]。因此，我们在这里所讨论的并非全新的，尽管它们的重要性被再次强调。

同时，高效能的学区认识到，学生之间平等的结果并不必然来自平等的资源分配，以"尽其所能"的态度确保所有学生获得成功所需的资源和机会。这通常会导向对那些有最大需求的学生定向的支持项目。据报道，很多学区对学习困难学生提供及时的支持，使他们不落后。这些学区鼓励校长和教师使用基准测试数据来界定需要得到帮助的学生[14]。

七、总结

在我们的研究中，所有的学区和学校在获得教职员工支持方面遇到了多重挑战，但是，他们还是成功地创造了聚焦于持续改进的数据运用文化。创造和维护这样的文化需要所有学区的持续努力，尤其是在领导变革、新政策出台和新教师聘任的时候。很显然，对数据助力决策的信赖已经根植于日常的组织生活中。我们必须记住：数据运用的文化在很多地方尚未形成，发展这种文化需要各个层次的领导者付出深思熟虑的、实质性的努力。

讨论思考题

从本章包含的经验和教训中可以提出以下问题供领导者讨论：

- 现有的与教育变革相关的文化有哪些？教育者在实现变革的过程中是否会兴奋、担忧与恐惧，或者三者兼有？

- 在本章中描述的哪些明确的期待和规范可以用来帮助建设持续改进的数据助力决策模型？

- 在教育系统中，有数据助力思想的领导者如何形成有意义的数据运用？

- 现阶段，在教师、校长和学区管理人员之间是否存在一种相互问责的文化？如果没有，本章中的观点对这种文化的产生是否有用？

- 校长和学区领导者可以用哪些证据显示数据运用与系统地改进学生成绩的相关性？

- 可以通过分析哪些数据来揭示不同背景的学生亚群的成绩差异，从而确定造成这些差异的学校和课堂原因，对提高所有群体学生的成绩寄予厚望？

第四章 数据运用的目标、惯例和工具

简（Jane）是一位中学老师。她非常支持数据助力决策，同时也感觉在学校里运用数据的主要障碍是课程进度节奏的压力。她所在的学区采用了新的数学课程，学区的课程领导者为该课程设计了进度指南，规划了整个学年中每周的数学课进度。进度指南要求每一位数学教师用大约一天的时间来教一个新的概念。与该进度指南相配套的是学区规定的基准测试。简解释了由此导致的矛盾：

> 每一位六年级的数学教师都要根据非常精确的日期表来进行这些测试。我的同事们经常讨论的话题就是如何赶教学进度以确保与基准测试的进度保持一致。但有意思的是，测试进行了以后，考试结果却不反馈给学校。更奇怪的是，我带着这些问题到教师团队会议上讨论，其他教师都没注意未收到反馈这件事，而且好像也没有人在意是否收到反馈。最后，大家还面临着学年末的州级考试的进度压力。该考试在四月中旬进行，此时距学年结束还有两个月，但考试却包括在一学年里应该教给学生的所有内容。

简解释说，如果运用数据指导有目的、个性化的教学，"肯定会干扰快速的课程教学进度"。她询问同事们如何对待那些没能掌握某些内容的学生，他们经常说："没时间等他们了，我得一直保持进度"。

简的沮丧是可以理解的，因为这样的进度计划妨碍了她真正的兴

趣，即围绕学生的需要来调整教学。她觉得进度指南是"竞赛导向"的，而非"进度导向"的。很显然，她所在学区实施的基准测试不利于促进数据助力的教学改革。

组织目标、规范和工具结构均在学校内部发挥作用。有些时候，它们的作用是维持现状，尤其是它们被"我们一直就是这样做的"的行为准则所驱使。但是，新的要素会带来变化，有助于教学实践的转化。这些转化发生时，如果组织目标、惯例和工具被有效地使用并审慎地对待，则会有助于数据的运用。由此，旧的习惯会被质疑，新的习惯会产生。聚焦于这些方面，我们会看到实践中哪些方面发生了变化，而哪些方面保持原状[1]。我们应该注重所有参与行动的人们之间发生的互动，而不只是将变化归因于某位领导者的行动变化。由于我们认识到领导力在很多地方存在，而不仅限于正式任命的个体，如校长或者学区主管，应该聚焦更广范围的教育者。

让我们从一些可以帮助数据运用过程的常见工具和惯例开始。

● **共同的课程指南。**很多领导者指出共同课程指南的价值，它们可以让教师们一起备课，讨论学生的数据。这给教师提供找出他们实践中共同存在问题的机会，也促进教师一起评估学生在朝着共同设定标准的进展[2]。在美国，要求每个州设定年级和学科的州内统一课程标准。学区一般会制定一套结构性的支持内容，为教师们在课程单元、材料和课堂计划方面提供指导。在教师们如何跟上严格的学区课程进度计划方面，各学区允许学校和班级在实现课程标准时所具有的灵活性不尽相同，但这种层次的灵活性是非常重要的。正如我们在本章开头的案例里所看到的，这些进度计划有助于教师达成关于目标和行动的理解和共识。美国的所有学区在执行共同核心标准时，都对其支持结构进行了相应的改造，但是过于严格的进度计划会阻碍数据助力的教学。

● **基准测试**。很多学区使用基准测试作为他们数据运用工作中的主要方法。基准测试通常每6—12周进行一次，旨在作为未来教学的指南，也表征学生在州标准方面取得进展的指标[3]。通常，这些基准测试的内容和水平与州的年度评估考试相对应。很多学区选择购买基准测试试题，这些试题有时自带题库，可以让教师从试题库中选择测试题目。在另外一些地区，学区开发自己的基准测试试题。基准测试的目的是，让各学区和学校的领导以及教师了解学生在一学年里取得进步的步伐，他们对考试准备的程度，尤其是对学年结束时高风险问责性州级考试的准备。教师可以分析这些测试结果数据并在学年中随时调整教学。很多学区投资数据管理系统，使基准测试的结果得以运用，从而成为数据运用过程的另一种重要工具。为了与新的共同核心标准相配套，美国很多学区正在开发新的基准测试。

● **结构化的教师合作**。为了使教师能在一起备课并讨论考试结果，很多学区设立了教师结构化合作的时间[4]。这种做法认为，教师如果一起工作，就能够相互帮助以理解数据，从而制订共同的行动计划，共享教学策略。如果在教师工作小组中出现推动探究性文化的带头人，就会使教师的对话更有成效[5]。在学校改进工作中，教师合作是基本的要素之一。然而，合作并不能自动地导向教与学的改进或者教师的自我反思[6]。教师如何合作很大程度上取决于团队的具体讨论内容，在某些情况下，有可能会对数据运用起到相反的效果。例如，教师数据运用的水平差异较大，很有可能导致教师团队内部和团队之间数据分析结果不一。专业知识有限的教师团队会错误地阐释或误用数据。他们合作时，可能在课堂上一直进行低效的教学实践[7]。反过来说，拥有大量共性专业知识的团队可能产生更多的学习[8]。同样地，很多学区迅速地推进基准测试，没有充分考虑如何让基准测试更有效地应用。

我们认为学校和学区领导都是用心良苦的，旨在通过实施课程计划和有效的基准测试来提升学生的学业成绩，希望支持教师的数据运用。但是，数据助力的领导如何才能避免犯一些常见的错误呢？我们对 3 个高质量运用数据的学区所使用的工具、惯例和目标进行深入的分析，提供了一些重要的建议。正如我们将要讨论的，这些对建立数据运用的支持性资源必须是审慎的。我们知道，如果这些支持性资源被视为自上而下的规定，与教师们的日常工作不相匹配，那么它们就不能激发教师参与的积极性。我们下面的讨论将从目标设定开始。目标设定对于数据助力的领导来说是重要的第一步。

一、目标设定对于评价进步的重要性

对任何教育改革来说，学生的学业成绩目标都是重要的要素之一，尽管我们并不总是对此给予足够的重视。目标设定不仅对数据助力的决策是至关重要的，对保持改进的良性循环也必不可少。某种程度上，其过程是非常简单的：从设定目标开始，收集数据来看学生是否达到了这个目标，然后分析数据并相应地制定行动计划。这个过程看上去是简单易懂的——并且很可能实现——一个重要的前提就是制定目标本身。在制定目标的阶段，重要的问题是：谁参与了制定目标？目标是如何形成的？目标是否可测量？

学生的学业成绩目标通常是明确具体且可测的。A 和 C 学区都提出了与州问责系统相关联的目标。例如，C 学区的目标是，90% 的学生要达到州标准，85% 的学生要通过所有的州级考试，任何两类学生亚群体之间的分数差距不得超过 3%。我们在这两个学区研究的学校都将这些目标视为最低限度的而非理想化的。这些学区的每一所学校，都制定了本校除了学生学业成绩以外的特定目标。例如，一所学校的学生行为目标是低于 4% 的学生被叫到（校长）办公室，被停学的学生也低于 4%。与此相关的数据会细分到学生亚群体和不同年级，每六周更新一次。另一所学校要求学生必须知晓课堂上的日常目标。例如，在数学课上，学生走进教室时，校长的期望是黑板上列出该课堂上每天的日程和学习目标。比如说，黑板上可能写着："我们今天将学习牛顿运动定律。本课结束时，学生需要学会如何运用牛顿第一定律"。

教师也提出他们自己的目标，这些目标展示了他们对学生需求和能力的高度认识。一位教师说，虽然她希望所有学生都能达到水平线或以上，但还是为个别学生设定了现实而又积极的目标，学生取得一些细微的进步时也受到激励和鼓舞。一些教师也认识到同时设定学习目标和社会交往技能目标的重要性。他们设立了学生的全面发展目标，来培养学生的人际交往和表达技能。他们还认为培养与学生积极友善的关系并营造积极的学习环境也是重要的目标。

C 学区的管理者区分了"滞后"数据——旧的数据，如前些年州考试结果——和"前沿"数据，即从学区实施的较频繁的基准考试等评价中获得的成绩数据。之前，在州强制指令下撰写的学区和学校改进计划通常被束之高阁。但是，C学区改变了这个做法，用旧的滞后数据来撰写行动计划，利用前沿数据来修正计划。现在，C学区的每一所学校都有目标详细的行动计划并以数据作为衡量进步的依据。

　　一位学区管理者称这样的行动计划为即时的工作文件。该文件会根据学校采集并分析的每日数据和每周数据进行不断修订和更新。学区并不需要"漂亮的、完好的"计划文本，更希望看到，数据被用来对为期六周的教学范围和顺序进行修改，或者对课程表进行重新安排。在访谈中，教师和管理者展示给我们的文件夹里包含计划文件和数据。在一所学校，一位教师因为给了我们过时的文件致歉："这是我几个星期前的计划。"她指了指另一堆手写的笔记说："实际上，这才是我调整更新过的行动计划。"这些行动计划的制订使用了学区提供的模板，涵盖不同类别：目的、目标、行动和任务、目标学生群体、教职员工的责任、成功的评价方法、资源配置和行动的进度安排等。C学区也要求校长设定目标并运用记分卡——一种全学区内使用的、每六周更新一次的工具——来监控其进展。记分卡通常由每所学校的管理者和教师填写并上报给学区主管。记分卡显示学生的学科成绩，列出进步的目标和实际增长的百分点。这些报告也记录了目标和实际分数之间的差距。

　　随着州问责系统成为变革的杠杆，A学区也开始在学生学业方面评估自己的优势和劣势，相应地设定目标。第一步是要确认课程和教学内容与州标准一致。接下来，学区的管理团队开始应对下一个障碍：建立有意义的、可测量的目标。在此过程中，他们认识到团队本身不具备设立有效目标的能力，所以他们向顾问求助。在顾问的帮助下，学区领导研究了多年来的发展和优化目标，其中一部分是深入地分析过去的学业成绩数据。在此过程中，他们着重讨论了学区主管所描述的"巨大挑战"：学区未能满足哪些学生群体的学习需求。

目标的设定需要遵循一定的标准，即保证目标在学生、班级、学校和学区等各个层面上都有意义且可测量。设定目标还应该避免非常模糊广义的表述，如每一个学生都要成为终身学习者这样的目标是不可测的。学区中各种层次的学校管理者和教师都参与了目标制订的调整和完善过程。历经3年，目标终于制订完毕并在学区内公布共享。其中两个主要的目标是设定州评价考试中应取得的年度进步目标，所有学生在两年内必须取得达标以上的成绩。

> 值得注意的是，我们访谈的所有教师都能够清晰地阐明学区的目标。这也是该学区能够长期聚焦于这些目标的佐证。

在我们调查的一些案例中，制定了模糊的目标。例如，B学区就没有设立学区统一的学生学业成绩目标。用主管的话来说，"我们的目标是：明天比今天更好。这听起来像是陈词滥调，但是非常简洁明了"。B学区因为某一学科学生成绩不达标而被州政府基于标准的测评问责。他们也一直设法采取各种措施来提升学生在该学科的成绩。因此，虽然缺乏学区层面可测量的统一目标，他们也做了大量的评估测验，要求各个年级和部门的教师设立提升学生学业成绩的目标。每个课程团队都制订了目标明确且有针对性的学生成绩提升计划。校长和每个课程团队碰头，详细询问他们关于学校改进计划的问题，在每学年的第二学期开学之初再次讨论计划。前一年的计划有助于团队了解他们的进步和依然需要有针对性地提高的学科内容。

　　表达清晰的目标有助于管理者和教师定期把握学生的进步并据此制定行动方案。A 和 C 学区建立了与州级考试相联系的目标——这在美国《不让一个孩子掉队法案》的时代是不可避免的现实——但是这些目标不仅局限于州级考试的成绩，甚至不仅局限于学术方面。无论目标怎么界定，关键要素之一是需要测量向着目标所取得的进步。在教育系统中，所有的教育工作人员都需要持续监控是否达到目标，为了确保进步需要采取何种行动。这个过程是数据助力决策的必需要素，也是教学改进循环的组成部分之一。

　　图 4-1 所显示的圆环有助于理解数据运用的主要过程，但是它并没有阐明每个环节内部和环节之间的关键细节。例如，在设定目标和

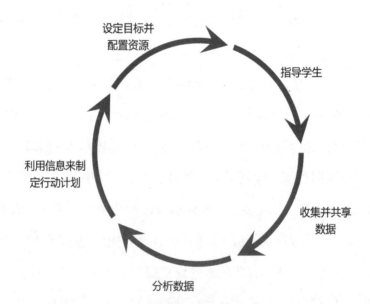

图 4-1　教学改进循环

资料来源：新学校风险基金，教学改进循环：自我评估工具（旧金山：新学校风险基金，2006 年），http://www.newschools.org/publications/cycle-of-instructional-improvement-tool。经新学校风险基金许可转载。

学生教学的环节之间，在学区、学校和教师之间会发生大量的活动。这些活动中的一部分需要明确的工具和可遵循的惯例来辅助，我们现在将进一步探讨这些工具和规则。

二、工具：学区课程指南

在美国，大量的学区建立了学区范围内的课程指南。这些指南大多数与州级标准相联系，对如何运用这些标准教师们可有不同水平的灵活性。在一些学区，管理者期待有一天走进某一年级的不同教室，会发现所有的教师都在上同一样的课，有时候甚至在同一天中的同一时间段内在上同样的课。在其他学区，虽然所有的内容必须都讲授，但是教师被赋予运用专业知识来决定课程进度的自由。在我们研究的学校里，我们发现灵活性是非常重要的，因为它赋予教师基于数据调整教学的能力。如果在教学日历上缺乏调整空间，他们就很少有时间深入讲解某个学生需要的知识点，也不能重复教学生没有掌握的概念。

在我们研究的 3 个学区，每一个学区都认为他们学区统一的课程在数据运用中是关键的工具之一。虽然学区之间在赋予教师灵活性的程度方面是不同的，但是每个学区都提供了一定的灵活性，见表 4-1。

表 4-1　各学区课程灵活性和教学进度计划的差异程度

	全学区课程	灵活度	教学进度计划
A 区	是	低 / 中 [1]	是
B 区	是	高	是
C 区	是	高	否

1：一些教师认为教学进度计划是灵活的，然而其他教师不这么认为——因此，此处为综合评分。

（一）共同课程

共同课程确保所有学校和班级的学生都能接受同样的教学内容。在 B 学区，教师们必须遵循共同课程，但被赋予以他们觉得合适的方式教授课程的自由。教师有很大的空间根据学生的需要来做必要的决策。然而，他们需要参与定期的会议来讨论课程进度。课程协调者和部门负责人、指导教师密切合作，以确保课程、教学和评价的目标是相对应的。教师在推进和保持课程、教学和评价三者之间的平衡中扮演着关键的角色。

为了促进学区内部的合作，学区的服务器上存储了该学区的教师为每门学科撰写的课程计划库。课程计划库鼓励教师运用学区内已积累的专业知识。学区里还提供教师工作坊，服务于学区内任教同样教学内容的教师。在部门内或者年级里，教师团队可自由地尝试多样化的、以研究为基础的课程改进方法，从而提高考试分数。这反映了学区管理者的信念：如果教师拥有自由和资源来进行合作，提出适合自己的问题解决办法，那么他们就可以学得更多、表现得更好。

在高中阶段，每一个部门在学年之初都会设计一份课程蓝图，标注每个月要教学的内容。我们研究的学校拥有分年级的、覆盖所有学习领域的课程图谱，校长计划运用这些图谱来找出课程之间的交叉，以便实施跨学科课程。虽然学区制定了统一的计划，但是该高中的校长希望教师能够建立他们自己的计划。一位教师描述了自己部门如何计划 4 个年级的英语课程中学生技能的具体发展：

> 每一个年级的内容都是在上一个年级的基础上建立的。我们

参考了州课程，开发了自己的课程并且与之匹配。州里要求我们需要做的每件事情都成了一块块的积木。

二年级建立在一年级的基础上，但是更深入……一年级从说明性文章开始，最终四年级时，他们将全面掌握如何写（包括 5 个部分的分析文学作品的）文章。所以，每一年都是在上一年基础上的延续。

学区的灵活性意味着，部门可以自由决定教师需要遵循的标准化程度。我们也发现各部门之间的标准化程度差别较大。我们所研究的高中里，数学部显示了最高程度的标准化，社会科学部则让教师灵活地自主决定教学活动——实际上，有时候他们很难在同事之间达成关于如何教学课程内容的共识。

（二）进度计划

共同课程规定教师要教什么内容，但是通常并不规定所教内容的进度和深度。B 学区和 C 学区制定了学区统一的课程指南，B 学区还制订了统一的教学进度计划。由于学区内学生流动率高，B 学区在 15 年前就开发出了学区进度计划，远早于他们致力于数据运用之时。学区制订进度计划是为确保转学的学生在学习方面做到更好的无缝衔接。一位学区管理人员解释道，学区统一的课程是"必须照做的，是没有商量余地的"。基于州标准，学区课程计划被拆分成六周为一个单元的周期。我们所研究的一所学校更进一步，把六周一单元再细分成以周为单位的进度周期。

相比于 B 学区，C 学区管理者赋予了教师在实施教学方面更多的灵活性。一位学区管理者解释："课本并不能决定课程。当你走进教室，会发现不是所有人同时在用书本中同样的内容教学。"一位教师把课本描述成"只是我们使用的资源之一而已"。另一位教师解释说："学区只是给我们教学计划，但是他们不会告诉我们如何教学。"C 学区的教师享受这样的灵活性，同时，也知道如果他们需要的话，则会得到关于课程教学的帮助和支持。然而，一些教师仍然觉得课程指南制约了教学。一位骨干教师认为，课程和教学的一致性对于新教师和水平较差的教师有积极的作用，高水平的教师有时候会感到受到限制。比如说，他希望用一整个学期来实施学生自主探究的科学课程，但是这在学区的课程指南和进度框架下实施起来非常困难。

与 B 学区和 C 学区较大的灵活性相比，A 学区在坚持执行课程进度计划方面更严格，教师对此的评价也褒贬不一。积极的一面是，一些教师相信在学区范围内执行相同的课程指南是有好处的："因为我们有很多学生在本学区的学校之间转入和转出，这（用相同的课程计划）让我们感觉很好，因为可以保持同一进度。"然而，正如我们在本章开头所呈现的案例一样，一些教师感觉 A 学区的统一进度计划无法让他们多花时间在那些学生还未掌握的内容上。一位教师说："我没有时间重复那些内容，因为如果那样，就会落下进度，然后完成不了下节课的内容——而那些内容又是下一次考试中必须考到的"。教师和管理者努力解决如何在学区进度计划的背景下挤出时间重复教学内容的问题，例如，部门内经常会争论，是在一个单元结束时复习呢，还是在下一单元教学时把需要复习的内容夹在其中重讲一遍。

在 A 学区强制要求服从统一进度计划的框架下，一些教师还是体会到了一定的灵活性。一位教师提到，教师作为专业人士互相尊重，因此即使有时一些教师比指导性的课程计划进度慢一些，也会被大家接受，因为那是出于对学生最佳利益的考虑。讨论基准测试的结果时，一些教师会解释，他们的学生在某些特定的标准上没有考得很好，是因为他们没有时间去讲与这些标准相关的内容。正像一位教师说的："每个人对此都没什么意见。"

总之，课程指南为所有学区提供了一致性，而进度计划对于教师来说都是可利用的资源，两者都被证明是重要的工具。学校和教师有一定的灵活性基于学生的需要做一些教学上的改动，特别是他们能够利用数据给出偏离教学计划的理由时。这种灵活性是对教师基于数据做重要教学决策能力的肯定，也是对他们关于"课堂上怎样对学生最有利"这一专业判断能力的承认。这对数据助力的领导者来说是非常重要的经验。

三、惯例：基准测试

在我们的研究中，3 个学区都把统一的课程与基准测试联系在一起，这是与数据运用相关的另一惯例。虽然本章开始处提供的案例讲述了一个稍微不同的故事，但我们研究的 3 个学区对实施基准测试方面更多地呈现了积极的而不是消极的结果。基准测试的优势之一是允许教师讨论学生的学习，交流不同班级的教学理念。然而，在一些案例中，教师将基准测试的成绩看作是为学区提供信息，而不是为他们自己的形成性目标提供信息。在这里，我们分享一些最佳状态的案例和学区在将基准测试转化为学校惯例的一部分时所面临的一些隐患。

（一）基准测试的发展

A 学区是一个值得考察的有趣案例，因为其基准测试的开发过程始于学校而非学区。2003 年，一位独立顾问与该学区的一所高中合作开发了基准测试，说服校长不要太注重最终结果即基准测试的成绩，而更多关注过程。最终，该基准测试的存在成了教师采纳数据助力决策过程的关键因素。校长回忆道：

> 老实说，我们进行的最有效的是关于"怎么才算掌握了"的讨论。我想教师愿意采纳数据助力决策的真正原因在很大程度上是因为他们自己也参与了决策。

学区对基准测试有更广泛兴趣的时候，他们设想考试可以像路标一样，服务于未来的教学并表征学生向着目标的进步。在他们开发并实施基准测试的过程中，他们做出了几个关键的决策：

● 学区利用本地一所高中的教师自己开发的试题。

● 学区每年组织 4 次基准测试，而不是以每 6 周实施 1 次为周期。学区相信季度性测评既可以让学区跟踪学生成绩，同时也赋予学校灵活性，以便他们应用本校教师自己命题的试题考试。

● 学区明确规定哪 5 天为窗口期以实施测评，但是允许个别学校（甚至是个别教师）决定在那一周里何时实施考试。

● 学区特别谨慎地对待"哪些数据可以共享以及如何共享"的问题。教师层面的考试数据最初只与校长及教师个人共享。然后，教师在年级组层面上共享数据。

● 学区保证学校在两三天里收到测试结果数据。

● 教师可以下载使用电子数据，学区也提供纸质报告，以便让那些不习惯使用电脑的教师觉得该过程比较"友好"。学区不希望因为技术知识水平低而阻碍数据运用的实践。

教师们喜欢这种灵活性，但是它也带来了挑战。因为大多数教师希望在考试前尽可能地教更多的内容，所以他们倾向于在5天"窗口期"的最后一天实施考试。因此，一些学生在一天里可能经历6场基准测试。一位教师建议，如果能要求每个部门在特定的一天里实施考试会更好些。如果考试日程安排更加合理，基准测试会均匀地分布在5天，而不是像现在一样集中在某一天。

（二）基准测试的作用

A学区希望教师能够运用基准测试的数据启示他们的教学。不幸的是，学区管理者认为，教师主流的感觉是，实施基准测试是"为了让学区可以检查他们的工作"。这种感觉甚至存在于那所早于学区开发了基准测试的高中。学区努力让教师相信，基准测试是为了预测学生在州级考试中的表现，甚至从小学老师着手，向他们展示学生在小学的成绩对他高年级成绩的累积影响。

C学区也面临着基准测试的挑战，特别是在最初执行的时候。每6周进行1次的测试最初由学区设计，后来又与一个外部供应商合作生成。C学区致力于使学生成绩评分与基准测试和州级考试的评分标准协调一致，在高中阶段尤为如此，因为高中生必须通过州级毕业考试。一位学区管理者说："对于校长们而言，颇为尴尬的是不得不向家长解释，'你的孩子各门课都得到了A或B，但是他没有通过州考试'。"

频繁测试的目的是确保学生不被忽视。虽然学区没有正式研究二者之间的相关性，但是一位学区管理者坚信，基准测试可以准确地预测学生在州级考试中取得的成绩。

基准测试对于评估学生向着标准的进步方面是有效的。对学生是否已经掌握的持续反馈能使教师判断学生是否真正学会了某个概念，而不只是这个概念已经教过了。例如，一位科学教师在指出学生的薄弱领域时评论了基准测试的效用：

> 我看到我的学生们考得一塌糊涂……我就停下来并且重复教了这部分内容。如果不是因为看到了他们基准测试的分数，我不会停下来重教。

因此，数据可以引导教师进行关于自己教学实践优势和劣势的反思。一位教师解释道：

> 标准和目标，的确能使大家想法一致，也能保证我们都把学生教会了。这就是我认为数据有益和有用的地方，也是我喜欢做数据分析的原因。我自己内心会想："噢，为什么我的学生们在那道题目上才有 56% 的准确率？为什么没有人答对这道题目？"

但是，频繁的考试伴随着对测评的过度依赖，可能会导致教师和学生的挫败感和疲劳感。一位教师哀叹道："孩子们的感觉就只有'考、考、考'。"教师也表达了这样一种担忧——考试测量的内容决定课堂上发生的一切。正如我们此前所提及的，一位表演艺术教师解释道：

> 教师认为他们的教学受到了国家强调数学和读写能力这一政策的影响。

有了《不让一个孩子掉队法案》之后……关注的重心并不总是什么对学生是最好的，而是什么对那些特定的课程是最好的。

基准测试对教师团队规划和调整教学进度是一种重要的结构性支持，但基准测试并不能对形成性目标提供足够的支持。诚然，大多数教师遵循实施和分析基准测试的指令，基于数据来制订行动计划。但是，他们还依赖更多样的测试数据——同样也依赖他们自己的直觉——来加强他们对学生学习的理解。我们将在第五章中更详细地描述这些内容。

从研究中，我们得出对领导特别重要的、与基准测试相关的两条关键经验。

● 基准测试能够让教师养成分析测试数据的习惯并据此调整教学，但这是不够的。教师需要借助学生学习中的多种数据形式，包括可以更直接地引导教学的数据类型，如教师在每节课结束时自己出题的小测验产生的学生成绩数据。教师也需要借助那些可以深入考查学生概念理解程度的测试，因为这方面的数据是基准测试收集不到的[9]。

● 测试对教学的帮助很大程度上取决于实施的情况。理想的状态是，教师投入测验的开发，或者至少参与测验题的选择，拟定如何执行测验的指导原则。否则，基准测验将被视为学区的监督手段，而不是指导教学的工具。

四、工具：数据管理系统

基于网络的数据管理系统对及时有效地传输数据非常有帮助。在我们研究的 3 个学区中，每一个学区都有数据管理系统，允许教师访问数据和表格，以指导他们的反思和行动计划。这些系统是服务于数据助力的决策的重要工具。数据管理系统在 3 个学区逐步演进，其运用也稍有不同。

B 学区的数据管理系统可以让教师获得学生标准化考试成绩、出勤率、平时成绩和其他相关信息。教师也可以将该系统用作学生成绩册，这样就能够跟踪学生在课堂测验中的成绩。教师还提到可以访问学生数据，以帮助解释学生的成绩变化规律。C 学区也允许使用者获得学生州级考试和学区考试的分数和报告和学生的评语和成绩单。C 学区的系统包括课程的涵盖范围和教学顺序，与其相一致的课程单元和其他资源与材料。这个系统使得用户能够即时分解数据并进行考试题目的单项分析。学区希望教师能够定期地使用这个系统。但是，在我们研究期间，不少教师还在努力适应如何使用这个系统。一位校长解释这些系统"存在很多成长期的痛苦"，教师也抱怨它增加了他们的工作量。

A 学区是使用基于网络的数据存储系统的先行者之一。该系统使用用户能够访问学生的成绩以及学生背景数据。教师必须注册登录系统，在学年开始前就分析他们班级学生的数据，据此制订教学计划。例如，一位教师说，这些信息帮助她鉴别哪些学生是英语学习者①，使她在安排学生座位时，确保不同的学生在同伴合作中能够互相帮助。在学年中，学区要求教师生成基于学区基准测试的学业成绩报告。在我们的访谈中，虽然有些教师对系统比较适应，但其他人则没

---

① 英语学习者即英语非母语的学生。——译者注

达到这个程度。一位教师单是在登录系统时就面临很多困难，认为学校数据运用的关键挑战是个技术问题："如果能让系统运行，人人都能访问，及时更新系统，这样每位教师就都可以用了"。拥有技术基础设施以在更大范围内使用程序是重要的考虑因素之一。

我们的研究完成以后，数据管理系统的用户友好性可能已经大大提高了。此类系统的供应商市场也在不断拓展，导致一些学区放弃了一些不够精细的系统转而支持容量更大的其他系统。数据助力的领导者在投资这些工具之前会明智而又仔细地研究可选择的系统，同时还确保教师和其他终端用户参与对系统的选择过程。

五、惯例：合作时间的固定化

有效的数据运用中重要的组成部分之一是教师有机会分享自己对数据所展现内容的见解，一起规划教学改革。

（一）实现合作

我们研究的 3 个学区都认为，为教师合作留出专门时间是鼓励他们运用数据做出决策的重要部分。例如，A 学区建立了以数据为中心的教师每周讨论会，管理者认为这些会议是"神圣"的。该学区将每月的第二个周三早上 7:30—9:00 规定为合作时间。在这一天，学生 9:30 到校，给教师留出时间，以便他们能够在会议结束后转到一天的教学工作中。学校管理者有意设置了这样的过渡时间，因为他们不想让教师感到时间匆忙，然后试图占用讨论数据运用的时间来备课。教师以同年级、同一门课程为单位（如所有九年级的英语教师）来组织讨论。会议的焦点可能是数据分析，也可能是基于数据的行动计划。B 学区采用了相似的方法：每周三学生都推迟到校时间，整个早上都用于教师会议。在此规定的时间里，教师有时以部门或年级为单位一起开会分析数据。每隔一段日子，这段时间会用来召开全体教师会议，偶尔也会召开教师专业发展的会议。

C 学区的中学和小学在数据运用讨论会议方面有不同的结构。比如说，我们研究的小学每周五利用教学工作时间来召开 55 分钟的合作课程计划会议。按规定，每所学校只必须提供 45 分钟的会议，但是该校校长通过体育课和音乐课的课表轮换，使会议延长了 10 分钟。校长认为合作课程计划会议是规定好的，而学校行政会议的日程安排则具有较大的灵活性。

在 C 学区的中学阶段，所有核心课程的教师每天都有固定的会议时间。我们所研究的中学将一天分为 7 节课，其中有一节课时间是以部门为单位的规划时间，另一节课则用于教师做个人教学计划。例如，在语言艺术部，每周，这节课的时间有两天聚焦于数据和课程计划，有一天用于共同测评命题，而剩下的几天则比较灵活，可能用于请外面的专家讲课或进行示范课等活动。讨论数据时，教师必须带上指定的材料和数据，一起根据既定的程序步骤来进行数据分析。稍后，我们将在本章中更为细致地描述这一过程。

（二）合作的价值

3 个学区内的所有学校中，数据讨论会议都旨在让教师为了教学改进的目的共同分析数据。更具体地说，教师的任务是分析基准测试或季度性考试的结果，探究这些成绩的成因并在此基础上制定共同的教学计划。一位教师明确表示，数据讨论的预期结果就是对教学进行调整。另一所学校的一位教师相信，数据运用与教学变革进程之间的联系是非常重要的，因为"只有你理解并知道怎么分析它，数据才是有价值的。只有你知道怎么用它来指导你的行动，数据才是有价值的"。

教师谈及应用数据助力的决策时，我们经常听到他们说："你一个人做不了"和"我们得一起做"。一位教师评论道，"我喜欢我们的合作时间"，并且强调，"我们现在用于合作的时间量非常适中"。另一位教师则说，单单看到"数字"时她并没有感觉，但她觉得与同事比较分析结果和分享教学策略时所产生的讨论非常有用。她说教师很乐意分享他们的考试成绩和课程计划，希望有更多的合作时间用于此目的：

> 这就是我们感到兴奋的原因——分享课程计划，分享学生们想出来的好点子、学生们能理解的想法……"嘿，我做了关于性格的有趣课程，尝试一下吧。""嘿，我做了关于歧义的有趣课程，尝试一下。""哦，很酷啊，你知道我们的学生已经为此努力很久了。我很想尝试一下。"谁不喜欢新的策略、新的想法呢？

聚焦数据可以帮助教师确定他们讨论的方向——围绕学生学业成绩而不是其他议程。一位教师谈论了数据运用的重要性，是因为"如果不看数据，所有人都只是发表自己的意见。琐碎的轶事绝对是有价值的，但是缺乏系统性。如果你从数据着手，那么会议

> 换言之，聚焦数据能够促进教师间的共同理解。

中的每个人都会抓住要点"。

教师充分意识到，他们在年级内部团队和跨年级团队中的责任。具体而言，他们强调在学生升入更高年级时保持连贯性和问责的重要性。一位教师分享了他的经历："如果我提出让学生在一年级甚至幼儿园需要掌握某些知识的话，老师们很愿意教的"。换句话说，如果一位二年级的教师提出如何让学生为上二年级打好基础的教学建议，更低年级的教师通常愿意配合。另一位教师说，她喜欢与其他年级的教师交流，可以弄清楚如何保持不同年级对学生要求的连贯性。对一些人来说，正式的合作时间经常会延续到非正式的谈话。例如，C学区的一位教师描述，她和同事吃午餐的时候还在讨论学生成绩的进步。

领导格外用心地推动数据的谨慎运用，促进积极的和共享的数据运用，为教师提供工具，以帮助他们达到围绕数据运用合作的预定目标。当然，即使外部环境以最积极的方式引导合作，教师有时候也把这些环境视为限制条件。我们得到的经验是：固定的合作时间必须带有明确的目的。我们将来把教师合作视为学校改进的一部分时，数据助力的领导必须不断检查合作的进展情况，以免走向"为合作而合作"[10]。最后，"合作和重组可能是有益的，也可能是有害的，因此，对它们的意义及实现方式需要再三审视，以确保它们有正面的教育价值和社会效益"[11]。

六、工具：数据助力决策的指导标准

虽然为教育者保留时间进行关于数据运用的合作是至关重要的第

一步，但有时仅有这些还不够。学区和学校也经常采用其他工具去引导数据助力决策的过程。

（我们所研究的）3个学区制定了或者采用了数据讨论的指导标准，以便教师对班级层面的讨论能够得以实现，确保他们能够基于这些讨论采取行动。这些指导表格通常引领教师完成这样一个过程：从基本的大趋势讨论开始，接下来进行更详细的讨论，主要包括优势、劣势，年级层面的或者某一门课程的成绩趋势，有关亚群体的成绩趋势。教师必须提前做好准备，填写成绩数据概况表。有时候，他们还需要把考卷带来（如前测、后测、基准测试或者单元测试）。在团队会议上，教师一起反思考试结果（有时也反思考卷本身），分享考得比较好的知识点的教学经验，确定哪些教学内容还面临挑战，制订如何改进的行动计划。

正如A学区的一位教师所解释的，他们的数据讨论针对的问题包括："大多数学生表现好的是哪些内容？他们为什么都做得比较好？你使用了什么教学策略？这些内容达到了布卢姆教学目标的何种层次？"[12] 教师也细致地探究评价试卷本身并讨论："这个题目的表达方式怎么样？学生是否懂得题目表达的意思？"教师相信此类讨论是很重要的，因为有时题目的表达方式可能导致学生成绩的不稳定。在团队会议上，教师有时共享自己班级的成绩报告图表或者单个考试题的分析图表。

同样地，C学区的学校运用的是"深层原因反思表"，该表由学区外的职业发展培训者与学区共同开发出来[13]。根据此表，教师需要解释部分学生没达标（及格）的原因，描述他们会采取什么样的干预措施，这些干预措施是否有用。"深层原因反思表"也要求教师填写哪些措施有可能帮助改进学生学业成绩但未实施。我们将在第五章呈现教师所采取的几种具体的教学改变措施的案例。

A 学区运用教师团队合作撰写的评价量规来引领教师在学校里进行"数据之旅"。一位教师解释道："我们在进行'数据之旅'时，一组教师到其他教师的课堂上观察他们的教学，看自己是否可以从中学到新的教学理念。"教师结成小组一起行动以便相互观察，记录课堂上的环境、教师采用的教学策略，教学标准如何体现在教学中以及学生的专心程度。"数据之旅"不是强制性的。如果教师想观察别人上课或者被别人观察，他可以报名参加。学校的数据团队领导把"数据之旅"描述为教师观察和讨论他们所看到的教学现象的好机会。

很多教师表示，运用数据讨论指导标准后，他们的工作效率提高了。但是也有些教师认为，与数据讨论指导标准相伴随的行政指令导致他们只专注于特定的任务事项（如填表说明他们讨论的结果），而不是围绕数据做一些有意义的讨论。例如，在一次团队数据会议上，会议的主题是讨论指导标准表格的所有部分。因为聚焦于填写表格，教师讨论未来的教学行动只花了很少的时间。会议的高潮是一位教师填写了表格的最后部分并且宣布："我们完成了任务！"这表明，有些教师将指导表格的填写视为一种负担，认为它分散了本应该用在重要任务上的精力。但在我们所观察的其他团队数据讨论中，教师在会议开始时用简单的答案迅速完成了这些表格，然后用余下的时间进行让教学策略更有成效的讨论。所以说，在以上两个案例中，指导标准的使用都未达到其预期的目标。这对我们是重要的提醒：这些工具或其他工具可以增加教师的学习机会，但是如果它们只是形式化的，那么它们会耽误教师有效对话的时间，甚至会限制教师的自发学习[14]。领导者需要记住的是，关于数据的讨论有助于教师形成共享他们教学实践的基础，但是，如果此类讨论受到过度限制，那么这些则不太可能发生。因此需要通过细致平衡，才能让指导标准激发围绕数据的真正探究，而不只是为了完成任务。

七、本章总结

拥有一组目标、惯例和工具来支持数据运用，在学校和学区层面都是必需的。用心良苦的教育领导者在执行为了数据运用所设计的、看似简单的工具和程序时，可能面临巨大的成功或失败。因此，所有这些功能都必须经过精心规划并小心付诸行动，以便达成既定的目标，以免它们最终成为数据助力决策的障碍，或者更糟糕的状况是，对学生学业成绩和教师专业精神产生负面的影响。

拥有新的目标、规则和工具很重要，但是这些对于保持教育者积极参与新的数据运用实践是不够的。这些工具必须能促进运用者的思想和行动转变，同时对背景环境的关注也很关键[15]。正如池本（Ikemoto）和霍尼格（Honig）所指出的："工具能否发挥功能，部分地取决于它是否有助于使用者加深对特定理念的专注程度。"[16] 领导者或外部顾问可以提供一些帮助，指导教师如何运用工具以实现既定目的，如何使工具中蕴含的研究理念清晰化。理想的状态还是提供一些交流机会，来帮助教师适应和应对这些工具及其蕴含的理念。

讨论思考题 ···○

以下问题旨在引导数据助力的领导者思考目标、惯例和工具的制定和应用。

- 在学区、学校和班级层面，是否已存在有意义的、可测量的学生学业成绩目标？这些目标是否会无意中窄化课程？如果这些目标尚不存在，本章中的经验如何能为利益相关者提供起点，一起来开发有意义的和可测量的目标？

- 学区是否有全区统一的、与共同核心标准（美国的大多数州都采用的标准）相一致的课程？课程是否具有一定的灵活性，以便教师能够根据数据调整教学计划？

- 是否实施基准测试？是否收集了教师关于测试的反馈意见？教师是否有渠道向教育领导者反映哪些信息对于引领教与学的改进是最有用的？如果基准测试尚未实施，学区将如何鼓励教师开发或选择基准测试？

- 是否实施了"用户友好型"的数据管理系统？系统多长时间更新一次？是否收集了教师对系统的持续反馈意见？

- 是否为教师提供了固定的合作时间？是否有辅助教师讨论数据的指导标准？是否收集了教师的反馈以确保该指导标准用来帮助探究而非导致过度的限制？如果合作时间和指导标准都还未建立，那么本章中哪些经验对建立合作时间和指导标准有帮助？

第五章　运用数据改进教学

达琳（Darlene）考虑从一所高中跳槽到另一所高中去担任数学部主任时，她对两所学校学生在州级标准考试中数学成绩上的差异感到震惊。在过去4年里，两所学校的数学成绩都提高了，但是她的新学校康克斯（Knox）高中的成绩依然低得惊人。作为行将上任的数学部主任，达琳意识到需要尽快地弄清楚差异。两所学校数学分数的差异呈现在表5-1中。

表 5-1　2008—2011年康克斯高中和格鲁夫高中的数学成绩达精通水平的比例

年份	康克斯高中数学成绩达 精通水平的比例	格鲁夫高中数学成绩达 精通水平的比例
2011	6%	45%
2010	5%	37%
2009	4%	35%
2008	2%	29%

达琳清楚地知道这两所学校生源不同，但学生背景都非常多元化。康克斯高中85%的学生具备申请免费或低价午餐的资格①，而在格鲁夫（Grove）高中这一比例则只有45%。在康克斯高中，近30%的学生将英语作为第二语言，与之相对的是格鲁夫高中则只有9%。康克斯高中的学生主要是拉丁裔和非洲裔美国人，而格鲁夫高中的学

---

① 译者注：申请免费午餐的学生，家庭收入在联邦贫困标准线130%以下。申请低价午餐的学生，家庭收入在联邦贫困标准线130%至185%之间。

生群体中超过 50% 是亚裔，有 20% 左右是白人。

一些教育者在理解学生达标成绩和学生背景数据之后不再深入探究。所以他们会得出这样的结论：既然康克斯高中的学生是贫困的且主要是非洲裔和拉丁裔，他们的分数低于格鲁夫高中就是预料之中的了。毕竟，这符合美国学生学业成绩的趋势。从本质上来说，他们把学生的成绩差归因于学生背景，为未能实现达标率的显著提升找借口。不幸的是，这样的事情的确存在于一些学校：教育者不对学生的学业成绩提高负责任，而是指责学生或者他们的家庭。这种视角是城市教育的核心问题，也是有效的数据运用之路上的"地雷"。

幸运的是，达琳并未落入这样的陷阱。她深入挖掘数据以寻求成绩变化趋势的解释并据此制订她的行动计划。她考察了两所学校的课程设置模式，发现选择代数 I 和中级代数的学生数量显著不同。达琳深入考察多年来的考试分数得出结论，康克斯高中的学生在基础代数或几何还未达标的情况下就去上中级代数了。实际上，70%~80% 的学生成绩低于或者仅达到基本达标水平。继续深挖数据后，达琳了解到，康克斯高中有一项政策：无论学生是否通过八年级的代数考试，都要在九年级学习几何。从本质上来说，学生在没有掌握好基础课的情况下就被迫上更高级的课程，在很大程度上减少了他们成功的机会。

在这些数据的启发下，达琳为康克斯高中数学部制订了行动计划。她首先聚焦更准确的学生课程分班系统：所有的学生都将在八年级的春季或九年级的开学之初，通过高效的数学诊断测试进行评估，然后分配相应的课程。达琳还提出了界定清晰的、通往大学的课程实施路径。这一路径需要重新设计通用进度计划表。她想确保，无论学生进校时的水平如何，所有学生毕业时都能完成本州大学入学所需要的课程。她还组建了数据运用的团队，共同制定成功的衡量标准，以追踪测量数学部实现这些目标的进展情况。幸运的是，她得到了校长的支持。校长也是新到康克斯高中就职，希望在这所学校获得显著的教育进步。[1]

全面周到的数据助力决策——更具体地说，是数据助力领导——包括的不仅是收集和考查学生学业成绩数据。在制订教学计划以促进学生学业成绩提升的过程中，深度的探究并运用多种资源和类型的数据是必需的。不同的学生成绩数据会引发对不同类型问题的关注和不同的决策过程。

教育者必须超越他们想当然的假设，批判性地提供并衡量不同的解释，在解决办法和得出答案之前收集更多的数据。更重要的是，他们必须深入思考自己的做法，特别是围绕入学机会、班级安排和教学的问题。对于教学决策来说，深思熟虑的数据运用不能与教育者不断反思自己关于学生如何学习的信念、假定和实践相分离。

外部评价、学校评价和课堂评价都发挥着不同的作用[2]。尽管外部评价提供了初始方向，帮助识别学习困难的学生、制订改进计划或设置长期目标，但学校范围的评价需要帮助完善教学策略并在全学年调整教师职业发展的需要。课堂评价，特别是形成性评价，提供即时的、灵活的、定制的数据来引导日常的实践。玛格丽特·赫里蒂奇（Margaret Heritage）指出，形成性评价具有4个要素：界定学习差距、提供反馈、使学生参与并与学习进展相联系[3]。评价活动包括教师对学生完成任务、课堂讨论的观察和课堂测验以及学生的自我反思。对形成性评价的研究显示，诸如检查学生的理解程度、提供反馈、增加学生反应的等待时间、促进学生自我反思以及提问高阶问题等活动都有利于学习[4]。这些日常的教学和学生参与的数据对教师特别有用。

然而，发展技能和能力来进行有思想的数据探究过程，并非总是简单明了的，也不是轻易就能实现的。除了我们在前面章节中所提到的学区和学校层面结构性的支撑和文化的支持之外，教师可能还需要一套特定的知识、实践和范例来有效地运用数据[5]。教师需要培养进行系统探究的能力，但这些技能不一定是他们专业发展所教的内容。[6]另外，当前并非所有的教育者都拥有足够的数据理解技能来提出关于数据的问题、评估不同类型的数据、解释数据的结果并且发展行动计划[7]。

在本章中，我们分享了研究中教师进行数据助力教学决策的几种方式。这些学校和学区里都形成了压倒性优势的共识，认为运用数据在提升教师绩效和学生成绩中起到重要的作用。他们在课堂上运用数据，因为他们相信这些数据让他们更好地满足学生的学习需要。我们重点强调了他们使用多种类型的数据来指导教学改进的行动计划，分享了如何反思数据来影响他们教学实践的一些案例。

一、运用与学习和教学目标相结合的数据

数据助力决策的过程必须包括清晰的学习目标、有效的评价工具和不同类型的数据。正如我们在第四章中所提到的，教师和管理者所依赖的数据启示他们如何衡量学习。对于很多人来说，学习被界定为

一个向着州定标准进步的过程。例如，A 学区的一位高中数学老师说中期评价是有用的，因为"它让我们看到我需要聚焦的标准和我们是否取得了进步"。这所学校的一位英语老师重申了这一点："我非常努力地回顾我教的大多数班级都没有达到的标准……让我们一起看看我是否可以用另一种方式教学。或者，我可以就这个标准和其他教师交流并问问他们是如何做的"。一位教师在明确了自己的劣势领域后询问她的学生，她应该怎么做才能让教学更有效。

教师和管理者还努力去测量学生们在一些州定标准不予评价的领域中所取得的进步。例如，A 学区的领导担心，虽然过去 5 年里在州级考试的达标率迅速上升，但是大学入学准备课程完成率并没有改变。为了解决这个问题，学区领导要求教师和辅导员安排学生课程的时候更多依赖数据，要求他们不要像过去那样简单地依赖学生课程成绩等级和直觉，而是要用州级考试分数和基准测试评估数据来建议学生应该上什么课程。这样做的结果是更多的学生被安排去上更有挑战性的课程。

在这所高中里，多种类型的学生学业成绩数据被以不同的方式定期使用：州级考试分数、基准测试和学期中间的即时测验结果、语言达标考试分数、高中毕业考试通过率、大学先修课程通过率和大学预备课程表现（大学预备课程是大学和高中联合设置的课程，旨在让高中学生更好地适应学院和大学入学的学术需要）。他们也使用学生的等第数据，特别关注获得 D 等和 F 等成绩学生的数量。学校也运用我们在第四章中所描述的教师团队走进教室进行课堂观察所获得的数据。

　　数据不应局限于正式的评价。例如，在课堂上，教师依赖于正式的和非正式的数据来追踪学生的进步。A学区的一位英语教师说，她通过词汇测验、单元考试、绘制知识结构图、小论文甚至是她自己的笔记来全面反映学生的学业成绩，以便引导自己的教学："我们在课堂上做的所有事情我都要检查。你怎么可能给孩子一些作业然后告诉他：'我不打算检查这些，这些都不重要？'虽然其中一些只是学生的笔记，但是我们还是会一起仔细检查并进行口头评价：'你跟得上进度吗？你理解了吗？'"

　　一位科学教师说，她依赖于学生在她自己考试中的成绩等第、实验报告和非正式的测验，同时，"跟学生们交谈，这是最重要的。我必须得了解我的学生们"。她着重表明她认识并了解所有的175名学生。她有时候也参考即时测验和基准测试的结果，因为它们有助于评价那些平时作业成绩不佳学生的知识掌握程度。

　　在B学区的一所高中，教师们用基准测试作为形成性评价工具，同时也用教师自己选择的或自己出的试卷以及一些对学生理解程度的简单检测来引领教学。他们使用家庭作业和随堂测验来测量学生对课堂教学材料的理解。在进行课堂观察期间，我们也看到教师巡视并检查学生的作业，在课堂上收集一些学生的作业样本，上课时引导学生在白板上写出答案以检查他们的理解水平，倾听学生在相互帮助时的对话。在对学生的学习进行日常的非正式评价时，教师通过观察学生的反应来了解哪些评价工具是有效的，哪些是无效的。另外，两个部门主任提到，他们在一些课堂上要求学生给出口头的反馈，以便帮助他们规划接下来的课程。一些教师通过询问学生对教学实践的反馈来提高学生参与度。

二、数据运用如何改变课堂实践：暂停、反思和重复教学内容

在我们的研究中，很多教师和管理者都是通过广泛的数据来启示课堂教学实践，尽管各州和学区对标准化评价（如州级考试和基准测验）的重视程度各不相同。在此我们分享了一些全方位应用数据的案例。这些案例不仅利用学生学业成绩数据，而且考虑课程安排趋势、形成性评价以及对学生和教师行为的观察等方面的数据。这些案例强调了分析数据的过程可以推动课堂实践的积极变革——这一过程需要反思数据和现有的教学实践。

教师利用他们的专业知识来观察学生的行为和自己的教学实践，超越了依赖单一的数据点（如考试结果）。在 C 学区，一位四年级的教师注意到，她的学生们在准备标准化州级考试时，一位学生的阅读成绩在 30%~75% 之间浮动。这位教师将此视为危险信号，也颇为困惑。为此，她观察了这名学生的应试能力和对考试环境的反应。她不仅看到这名学生的行为，也检查了自己的行为，然后意识到，她给学生的一些应试策略让该学生做题的速度变得更慢了。她得出结论，"我不能催他"。最终她意识到她需要重点进行口头鼓励以帮助他集中注意力。这个例子证明了教师反思和观察作为数据的重要性。这些数据作为探究过程的组成部分，与学生的成绩数据协力作用。教和学是相互作用的，不是在真空中进行的。

在其他学校也有相似的案例，凸显了在特定背景下探究学生学业

成绩数据及其变化趋势的重要性。C学区的另一所学校的教师运用多种类型的数据，包括观察师生互动的数据，来精准判断具体问题的根源到底是在学校层面，还是在部门、教师或者学生亚群体层面。要理解和关心的问题不仅包括学业成绩，还包括学生的参与度。例如，校长助理注意到拉丁裔学生在某个教师班级的总体表现都不好。深入挖掘这些数据，情况变得更加明朗，具体地说，是拉丁裔的男生表现不佳。校长助理与这位同样也是拉丁裔的教师交流。他承认他对拉丁裔学生更苛刻、要求更严，不是因为不关心他们，而是对他们有更高的期待。接下来，校长助理拍摄了他的课堂并与他一起看回放录像。他很惊讶地发现，他面对拉丁裔学生时经常提高声音。后来，他与干预专家一起工作，学习新的班级管理策略。

如果没有经过暂停、反思并收集更多的数据过程，就会很容易地得出错误结论：这位教师不关心拉丁裔群体的学生，这是导致他们成绩不佳的原因。这也很容易让校长助理简单地基于单一的数据来源，就判断这位教师是不称职的。但是，这不能帮助校长助理理解，该教师为什么会存在这些问题；校长助理也不清楚该如何帮助这位教师实现专业发展。校长助理与这位教师交流，倾听他对与学生合作的理解和信念，在此基础上开始了一场对话。对话的主题是在他的班级里拉丁裔群体的学生学业为何一直处于低水平。帮助他观察和反思他的教学实践，可以精准地定位他需要改变的具体行为。这种拓展的探究行为始于学生的学业成绩数据，而不止于此。它是在教师和管理者之间发生的、整合了反思与问题解决的过程，而不仅是简单的评价过程。

这种探究过程是深思熟虑地运用数据的核心，而评价学生参与度被认为是教学改进的关键数据之核心部分。在 B 学区的一所高中，我们看到影响教学的最突出信息是教师在日常实践中非正式地收集到的数据。他们提到的有：巡视和检查学生作业、通过反思学生课堂反应来看学生是否在课堂上更为有效地学习，询问学生哪些教学方法有效或无效。教师也观察学生在学习活动中的参与水平。一位教师解释非正式的数据如何促成持续的反思：

> 我想，教学不是"做一天了一天的事情"。你心里会一直想着这事。你回到家还在想："为什么这件事没有做好，或为什么那件事做好了呢？"你在心里做个"笔记"，或者在本子上写下："我们需要下次改变。"或者，在第二天你就做了改变："孩子们，你们知道吗？我昨天教给你们的内容，我们可能需要换一种方法来看这个问题。"

实际上，很多教师说，有更多关于学生学业水平的知识可以引导他们考虑尝试新的教学策略。通过这些策略，他们努力满足课堂里不同学生群体的学习需要。A 学区的一位英语老师说到，她借助多样化的教学技巧，来适应班里学生多样化的学习风格："我对不同的学生进行不同的教学——小组合作学习、个性化学习、绘制知识结构图、大屏幕演示——因为我的学生们学习风格非常多样化"。她举了一个例子：

> 昨天我布置了一项有趣的实际动手作业来介绍人的性格特征，这也是我们下一章的内容。同学们都很喜欢这项作业。我很高兴看到这项作业对学生所起的引导作用。我带来了一些杂志的图片，然后我们根据模式化的印象或者基于他们在图片上的样子

去判断他们是什么样的人——不一定只是根据他们的身体特征，而是更深层次的探究。

我们问，哪些数据促成了她使用特定教学技巧的决定。她提到州级考试的结果，尽管她承认这些考试有局限性。她还观察学生需要花多长时间完成作业以及对特定活动的反应。她通过自己的学习经验做出教学决策来引导学生：

> 我看到有些孩子非常喜欢绘制知识结构图的。当我们进行课堂活动的时候，他们需要一些实物来帮助他们学习。例如，今天我们会运用我们的互动阅读器，这是学生们的练习簿。里面包括一些故事，他们可以画线，可以在页边空白处写字。

她相信在练习簿上做笔记可以帮助学生积极参与学习过程，记住新的材料。

三、转向学生学习参与：教学改进的中心

基于在学区和学校的观察，我们相信：提高学生的参与度，配合发展教师的知识和技能，必须成为教学改进的核心议题。两所学校的教育者发现，对学生学习参与具体数据的收集和分析提供了一种有力的工具，来促进学生对自己学习活动的投入。在班级里与学生共享评价数据也增进了学生对改进目标和计划的自主感。很多教师尝试了各种不同的方式来做到这一点。数据改进教学的措施，促使学生在自己的学业成长和学习环境中扮演积极的角色。当然，这并不意味着我们在所有学校都观察到高水平的学生参与，而是一些教育者把提高学生参与度作为他们改革的支柱，令我们印象深刻。

教育者相信学生的学业进步来源于对学生学习的共同理解和目标，他们也认识到学生自身必须积极参与学习过程。例如，我们在 B 学区观察期间，虽然一些教师提到了让学生看自己数据的重要性，但是学生还没有系统地参与数据助力决策的过程。但这与过去相比是积极的变化，正如一位教师说的："以前这些孩子对学习没有责任心"。

教师还让学生们参与数据收集和分析过程。例如，社会研究部主任让他的学生们跟踪自己的考试成绩进度，收集自己的数据，以明确自己的弱点——他相信这是一项需要发展的重要技能，认为这与学生高中毕业后的生活也息息相关。在数学方面，学生们获得的考试分数反映了他们是否掌握了特定的内容。两位教师都提到分享班级考试的结果，以便学生能够比较自己与班上其他学生的成绩。

学区的管理者们也可以在整个系统范围内提高学生的参与度、增强学生发言权方面起到带头作用。例如，在 A 学区，尽管关注"硬"数据，这些教育者也注意应用其他类型的数据——包括班级观察数据——以理解学生和他们的需要。学区的几位管理者和学校里的人员开始非正式地指导一些学生对那些学习困难的同学施以援手。在指导的过程中，学区的人员和他们指导的学生一起上课，从学生的角度来看问题。跟他们指导的学生一起上课，使得这些不再给学生上课的领导们能够理解学生面临的挑战，理解教师在试图吸引学生参与课堂教学时所面临的挑战。这个项目引领学区形成了多种方式来帮助学生发展自律的策略。这可以帮助他们在高中及以后的人生中提升成功的机会。学区主管解释道："我们面临的一种问题是，如何让我们的学生成为学习活动中的积极参与者。"该学区不是简单地要求学生更多地参与，而是把重点放在"建立课堂程序和探究意识，以便学生获得归属感和参与感，然后我们开始推动他们进入状态，让他们更有自我效能感"上。

我们所研究的 A 学区的一所高中进行了大规模的教学推动，让学生获得学习的自主感。这一推动部分是通过在课堂上运用数据得到实现。一位英语教师描述，她和同事们挂起全班的评价结果饼状图，要求学生看他们的考试结果，关注他们的优势和缺点，要求学生撰写关于"需要自己采取什么样的策略来达到标准"的反思。这是非常好的数据运用策略。她相信这开启了学生与教师的对话，因为这样做允许学生表达，"我也需要你这样做"。在她教的一个班级里，学生撰写了行动计划。教师希望在每个学期结束的时候，和学生一起重新回顾这些计划，探讨他们是否执行了计划以及达到了什么样的效果。她认为这对于那些成绩不好的学生来说特别重要，因为他们需要主动地评估他们的进步。这所学校的英语教师也使用撰写自我评价表的办法要求学生反思他们的优势和不足，列出他们可以提高写作水平的步骤，标注出需要教师做进一步解释和澄清的评分标准或评语。

在小学阶段，学校也开展了让学生参与数据分析和反思的活动。A 学区的一所小学制作了一份题为"像统计学家一样思考"的自我评价表，帮助学生们熟悉自我评价数据并规划自己的提升。表格要求学生列出优势领域和需要提升的领域。它也要求学生们标记他们已经做过的有助自己提升的实践，包括自己独立完成的活动、和老师一起的活动，与父母或者辅导员一起完成的活动（如"监督我自己的进步""与同学的合作""提问以澄清问题"以及"和家庭成员或辅导员一起工作"）。

从我们的案例中可以知道，通过数据运用促进学生参与主要可以通过两个路径：第一，学生参与数据和满意度数据可以促进教学改革。这些数据可通过正式的学生调查或者通过对学生在课堂上参与活动的非正式观察来收集；第二，教师可以使用考试和其他来源的数据来帮助学生获得对学习的更大程度的自主感。在高中阶段，学生们也可以在更深层次上参与数据运用改革——如参与全校范围的关于数据变化趋势的对话。

> 通过分析数据，学生对他们如何学习和学到了什么变得更熟悉。

四、数据并非万能

尽管所有教师都发现评价数据对改进教学是有用的，但是他们也承认这些数据并不能告诉他们需要知道的、能帮助学生获得成功的所有事情。教师经常提到在任何类型的评价里都无法捕捉到的情感因素。一位教师说："数据只能告诉我一种模式，但是不能告诉我怎么让学生有所反应。"她补充道："我想知道学生的个人情况。我想知道怎么能让他们行动起来。"另一位教师表达了类似的担心——过分依赖考试成绩作为评价学生学习的方式：

> 我非常苦恼。我一遍遍地看这些数据，因为我并不确定这些数据是否反映真实的情况。我看到的数据并不包括所有我想知道的。我看到州级考试的结果，也许挺好的，但是，这些学生来自哪里？这些孩子的家庭生活是什么样的？他们有可以学习的地方吗？他们中的一些人并没有。他们中的一些人，睡在沙发上或

地板上，因为他们的家里有 10 个人，却住在仅有两室的公寓里。所以，数据告诉我们很多，但还是不能告诉我们所有事情。我不能确切地认为这些就是他们真实情况的反映。

B 学区的一位教师也表达了对在教学设计中过度依赖数据的担忧：

> 我认为教学不能完全依赖于数据。有些学生可能没有别的孩子学到的多，但是他们也学到了一些东西。很多学生刚来的时候不喜欢数学。如果能改变他们对数学的态度，我想这比数据重要多了。我认为这是州级标准化考试存在的问题。我的意思是说，学生们通过考试是很好的事情，但是他会不会应用这些知识？

虽然几乎所有和我们交流的教师都对数据运用感兴趣并认为其有用，但是他们也意识到了数据运用的局限性："数据运用不是一切……它只是我们尝试提升和帮助学生的方法之一。"

"数据"这一术语在很大程度上被界定为与学区和州级评价相关的学生成绩。一些教师认为大家对这类信息过度关注了。对于 A 学区的一位科学教师来说，数据是考试的同义词，而他相信他所看重的那种学习是无法用考试来测量的：

> 作为一名科学教师，我觉得我们过分地强调了数据。我感觉我们对学生的考评超越了理性。考试给学生留下了太少的探索空间。当你把学生送进园艺场地里要求他们观察生态系统，或者要求他们描述生态系统，你怎么给他们评定等级？我可以很抱歉地告诉你，这些是考试题里没有的。在标准答题卡的选项里也是没有的。但是，那是一种学习。

当学生的学习被狭隘地界定为多项选择题或考试成绩时，教师经常感觉到考试适合于简单的记忆而不是批判性思考。他们也争论考试的结果，认为这并不是对学生全面的反映，认为学生情绪和背景因素（如学生考试焦虑水平或家庭困难）对学生进行表现判断时也很重要。因此，他们将学生参与情况的观察结果、学生态度以及情感状况作为重要的信息来源。

学校领导者和教师必须理解他们作为教育者的主要目的和所扮演的角色。B学区的一位校长助理说得清楚明了："我们是在教育学生，我们不是在赚钱。我们不创造利润。这是我们的事业与世界上其他行业最基本的差别。我们的底线是努力创造正常运转的社会"。

教师也强调构建与学生之间的关系，以促进他们学业进步的重要性。一位社会科学教师说："我想一名教师最大的优势是你所建立的与学生之间的关系。我想没有什么比这个更重要了"。几位教师也响应了这种看法：学生的个体性不应该在数字中丢失。教学就是构建关系，而不仅是准确地实施教学技巧或传递教学内容。

五、构建教学和数据运用的知识与技能：挑战和支持

我们观察和交谈的教师在他们经历成功和进步时看到了数据运用的价值，尽管他们也意识到数据改进课堂教学的局限性。但是，他们以数据为基础努力做出决策时也面临了一些挑战。这些教师的经历提醒我们，数据并不能最终决定教师如何对待学生的需要。数据可能给教师一幅关于学生进步的图景，但是它们并不能告诉教师如何相应地因材施教。如一位教师所问："我该怎么用不同的方法来教学?"

（一）教师发展

虽然评价和观察可以精准定位需要改进的领域和优势领域，但是单靠数据无法帮助学生学习进步。如果缺乏教师专业发展来建构关于重复教学、因材施教和支架式教学的知识，教师就没有工具来运用数据推动进步。因此，提升教师参与数据运用的能力看起来与构建教师的知识与技能并行不悖。

一位教师表达了好几所学校的教师共有的观点：收集和分析数据不是问题，但是如果能培训如何使用数据并更细致地解读数据就更好了。另一位教师则强调说："不要只是把数据扔出来，就期望教师们能直接捡起来并且用得很好"。不仅教师表达了对更多关于数据运用的培训、支持和经验的愿望，校长们表示，他们也需要发展关于数据运用进行"高质量对话"的技能和能力。一位校长认为，如果有一名作为指导或者提出批评性建议的朋友是非常有帮助的。

在我们的研究中，大多数教育者强调他们有从整个学校系统中其他教育者身上学习的愿望。他们希望有更多的机会观察其他学校，向其他教师学习，以便学到更多的教学策略。一些教师特别提到，想看到其他学校是如何进行关于数据对话的案例。

但有些教师感到数据不一定能引导他们使用多样化的教学策略。事实上，他们感觉真实的状况正好相反。一位教师说，他感觉如果要尽其所能让更多的学生通过州级考试的话，传统的教学技术是最有效的："我不用发现教学，也不进行合作学习。我的意思是说，只是直接进行传统的讲授法，做题、分析、评价、评定等级、返回给学生、即时反馈，然后继续做、做、做"。

　　一位拒绝使用数据的英语教师说，她准备教学的时候是不看数据的："对我来说，教学是根据本能的直觉走的。我不应对数字。我只是对待学生。我不是为考试而教，而是为他们能上大学而教，为他们的生活而教"。她相信，"学校提供的东西"对教学没有帮助，"我想，我只要运用我自己英语专业的背景而已"。

　　运用数据的教学实践所需要的不仅是分析数据并理解如何进行探究过程。例如，运用形成性评价是持续的过程，旨在通过持续地评估学生的学习来缩小学生的现有知识基础和教学目标之间

> 关于如何评价数据的训练不能增长教学技能和关于教学内容的知识。

的差距。因此，有效地运用数据提升学生的学习需要的不仅仅是关于评价的知识，也包括特定领域内容的知识和教学方法的知识[8]。这也再次证实了关于如何分析数据的知识与教学能力的构建是同步的。二者都需要一套复杂的技能和知识。这需要教育者们在具体的情境中应用。教育者们需要多样的和持续的机会来发展和应有这些技能和知识。

（二）系统性的支持

　　参与我们研究的学校和学区提供了重塑文化规范的工具和规则。它们也通过投入大量的时间、精力和资源来提高教师教学能力，从而支持教师运用数据，以便教师能够分析数据，并运用结果信息来提升他们的教学实践。学校领导和部门负责人在持续观察教学、帮助教师在数据运用中变得更具反思性、使他们有更强烈的意愿来运用数据助

力教学等方面都发挥了重要作用。学校也聘用教练（尤其是帮助青年教师）并投资于更广泛意义上的教师专业发展，旨在提升教学水平。所做的这些工作都是在不断进步中。

A学区所提供的教师职业发展被称为"策略学院"，聚焦于教学策略和数据助力决策。每年有三四次，来自所有高中各部门的教师代表和校长、校长助理、顾问等聚在一起一整天，讨论跨内容领域的写作策略、阅读水平低于平均线的学生们的需求、英语作为外语的学习者们的需求、学术词汇和学生课程的安排以及其他事情。在我们研究期间，这个团队在关注"以个人决心获得成功"（AVID，是Achievement Via Individual Determination 的缩写；AVID 是一种哲学理念，使学生向着更高的目标努力，为此提供学术的和社会力量的支持）策略，聚焦于如何逐步让学生更自律。"以个人决心获得成功"策略包括合作学习，运用写作和探究作为学习工具[9]。尽管学区领导们对于数据运用在更广泛意义上教育改革中的作用极其看重，但还是注意到这一点：变革必须渐进地进行，以便确保教师首先接受这一改革思想。就像学区主管所分享的："学习新的教学策略和更好的方法服务于学生需要时间，需要实践。即使是最负责的教师，如果他真的对提升能力感兴趣，也需要时间来内化这些策略"。

A学区的一位管理者也通过其他的教学策略启动教师专业发展。例如，她与教师一起研究提问技巧（如提出不同水平的问题、使用螺旋式上升的问题技巧并等待学生回答）。一位科学教师报告说，他们参加了关于如何有效运用直接教学和如何带领其他教师开展直接教学的工作坊。这些工作坊结束后，A学区的高中教师们自己制作了各种关于提高学生参与策略的示范教程录像，比如如何运用白板促进学生投入和参与。这些视频所记录的教学策略在全校范围内分享，每一位教师都在班级里至少尝试了一种策略。

正如案例所揭示的，在我们的研究中，教育系统和学校所发起的大多数教师专业发展和能力构建活动都聚焦于教学，而不是其他主题。这为数据助力决策的领导们提供了重要的经验，因为数据助力决策的领域经常在这方面有所欠缺。除非给教师们提供机会，通过专业发展去丰富他们关于教学策略的工具箱，提供机会与其他教师互相观察、学习，否则学生不会获得改良的教学。其后果可能就是教师运用数据发现了学生学习的差距，但是仍然继续采用起初无效的方式去教学。

六、本章总结

运用数据改进教学是复杂的过程，需要发展数据运用和教学改进方面的知识。因此，我们需要将注意力聚焦于多样化的数据并构建教学能力。我们研究的学校和学区承认这是持续的改进过程，包括一些发展中的调整和成长的"阵痛"。在课堂上，我们观察到新的教学实践正在发生，这就是这些努力改进的结果。教师们运用正式和非正式的评价相结合来引领教学，对数据更细致的分析促使他们考虑新的方法来使得课堂教学多样化。他们运用丰富多样的教学技巧，包括小组合作、经常关注单个学生或在一节课开始时进行练习活动。教师也运用新技术来评价学生掌握的情况并有针对性地进行教学。所有这些改革措施的基石在于认可学生参与是关键，同时必须承认：尽管数据是重要的、有力的工具，但是它并不总是能把握占据学习核心地位的师生关系。

讨论思考题 ···○

以下要讨论的问题可以引导数据助力的领导者思考他们在为了持续改进教学的数据运用方面所做的努力，也可以帮助教师运用数据：

- 如何通过数据运用激励学生投入和参与？

- 在各种层次的教育系统中，需要怎样的实施过程来确保以创造性的方式运用数据？

- 教师是否有机会同时发展数据运用的能力和学习新的教学策略的能力？

- 怎样运用数据安排学生进不同班级学习不同的课程？如何运用更多类型的数据来扩大学生的学习机会？

- 教师是否有途径来分享他们在改进教学中应用的多种类型数据？

- 是否有一些教师是数据运用助力教学的模范？如何分享他们的实践？

- 如何运用观察性的数据更好地描述学生的学习和参与？

第六章　面向未来的数据助力领导

我们展望未来，呼吁教育领导者接受并采纳数据助力的领导方式，这是问责时代中的重要领导形式，也是带动教育变革的引擎。数据助力领导者的责任至关重要：他必须管理一系列细致的、关键的决策过程。这些决策会对学生的日常学习和教师的日常教学产生巨大的影响。如前所述，数据运用会给改造学校和学区带来很多契机，但是数据也可能被误导并带来很多问题。幸运的是，数据助力的领导并不是独自承担这么重要的责任。数据助力领导是一项涉及许多人的活动，而不仅局限于那些担任正式领导职务的人。鉴于这种复杂性，对于数据助力的领导者而言，重要的是遵循以下关于行动的建议，这些建议来自本书所讨论的前沿的、核心的经验和教训。

建议一：运用数据支持探究性文化和持续的改进

数据助力的领导者可以通过把数据融入持续改进的文化中，避免数据运用的诸多风险。当然在现行的问责制背景下，这并非易事。用于学校改进的数据，尤其是在美国，已经与政府的问责政策紧密联系在一起，这种状况几乎不会再改变。这是优势，也是缺点。提升外部评价（州考试）学生成绩的压力给领导者提供了政治杠杆，也给他们以动力来领导校长和教师一起运用数据影响和刺激，使他们将校长和教师推到了数据运用的舞台上。然而，问责与数据运用的整合也导致了我们前面提到的一些不正当的激励措施和问题，包括公开作弊、课程的窄化、只关注一些学生而忽视其他学生等。伴随着外部问责要求的需要在校长和教师的心目中地位日益提升，数据助力的领导需要起带头作用并对数据运用进行持续关注，以使其成为探究性文化与持续改进的部分。同时，数据助力决策的领导者还在支持关于数据应用的信念和规范时扮演着关键角色。

数据助力的领导不是去助长服从的文化，而是使教师在规划课程、进行评价、在与同事的研讨中发挥主导作用。所有这些活动都旨在推动学校的持续改进。教育变革是社会过程，其成功既取决于教育者之间的相互依赖，也有赖于教师和学校领导者之间以及学校领导和学区领导之间的相互问责。与其他以改善教育为目标的改革一样，数据助力的决策也非常需要分布式领导。

在学校持续改进的过程中建构数据运用的文化，其关键是在教育系统的各个层次上鼓励对不同来源的、各个层面上的数据进行严格的、持续的反思。我们知道，数据助力的决策并非直来直去的、按部就班的过程。学校既需要简单的数据，也依赖复杂的数据，领导者和教师就这些数据所提出的问题也应该范围广泛。数据助力的领导者需要引领教师和其他人在运用数据的过程中聚焦于探究和分析[1]。数据助力领导的关键要素之一是对"学生学习"以及"影响学生学习的因素"这样的问题进行更丰富的定义。观察记录学生在课堂上的参与水平，可能比分析印在一页纸上的考试分数更有启示意义，也更能引领教与学的创新。

建议二：在改革规划中运用 4P 知识

数据助力型领导者必须高度重视其工作环境中存在的 4P（人员、政策、实践和模式）高度协调。他们在教育改革的规划中必须运用全方位的背景知识。然而，大量已实施的教育改革对这些关于背景的知识关注不够，所以未达到预期的改革目标。我们把失败归因于改革的发起者，而没有认识到任何改革的成功或失败通常是诸多人互动的产物。领导者对背景的深度理解是非常重要的，因为其中既蕴含着机会，也蕴含着障碍。

实施此项建议的策略之一是从不同的视角寻求机会去理解背景。从上层、中层或底层来看，教育系统都是不同的。再比如，在工作第一年的教师与具有很多年教育和行政管理经验的学区领导眼里，教育系统也是不同的。或者，我们可以想象，学区管理委员会的成员和社区里感觉自己缺乏话语权的家长看待教育系统的不同视角。通过对不同的人——教师、家长、学生——看待和经历教育改革的理解，数据助力决策的领导者可以更睿智地规划并实施教育改革。

学校或学区中已有的模式和实践可能被转变，也可能被固化[2]。数据助力的领导可以运用数据来强调有效的或有前景的实践，以便于其他人可以从中学习。一项更具挑战性的任务是运用数据来关注此前未引起重视的而实际上很成问题的教学实践或互动模式。实行该行动建议需要提高透明度，从而需要建立信任，这也是下一个行动建议中我们要讲的一部分。

建议三：在数据运用的过程中建立信任

对于数据助力的领导来说，信任是个关键的要素。数据助力领导需要围绕数据运用创造没有威胁的环境氛围。数据绝对不可以用来惩罚教师、校长或学生。相反，数据助力的领导应该以集体的，而非个人的方式来构建对于学生学习结果的责任。创造一种与学生成绩相关的"我们感"有助于促进合作和责任共担，从而成为数据助力决策的重要元素。在学校和学区层面上，研讨数据应该在团队环境中进行，因为通过多元的视角可以更好地分析蕴含在数据中的规律，从这些分析中会产生更富有启示性的行动方案。对于一些教师来说，考察数据说到底是一种个人行为，因为这一过程会促使他们更深刻地反思自己班级中学生的学习成绩。教师的长期目标是将多种形式的数据视为改善教学和学生成绩的相关和必要的条件，而不是让人畏惧的东西。

在学校里，教师之间、教师和校长之间，以及学校与学区办公室之间建立信任的关系并非易事，尤其是如果他们之间有不信任的历史的话。信任可以通过培养相互的"问责感"来建立。领导者需要提醒他们自己和他们的员工，运用数据的目标是提出问题，引发讨论，而不是照章执行一个行动方案[3]。学区的领导者要将他们的工作职能定位为支持学校的工作，而不是像传统的教育系统与学校关系模式中只对学校问责。作为这个（新型）模式的部分，如果学区要求学校做一些新的事情，那肯定是数据揭示了通过创新的方法可能解决的领域。同样的，如果学校想做一些改变，学区领导者也可以要求这些变化必须得到数据的支撑。学校和教师都应该被赋予更充分的自主性来做决策，只要这些决策旨在提升学生学习成绩。

建议四：建构数据运用的知识和技能

数据助力的领导者在发展和投资于人的专业资本——人们与数据运用相关的知识、合作能力和明智判断的能力——中扮演至关重要的角色[4]。当教师在解释数据运用时，受到既有个人信念的引导，对新的政策和实践的理解，以及工作环境的影响。另外，教师还受到与同事互动的影响，以及学校和学区内的权力关系的影响[5]。所有这些外部因素的动态变化对于课堂教学是非常重要的，教师之间的合作以及教师与领导的合作也是非常重要的。

由于以上这些原因，强制性的变革很少见效。领导者需要引导教师们认识到运用数据在其工作中的必要性。数据助力的领导者示范有思想的、谨慎的数据运用，而不是简单地要求教师们跳上方向未知的火车。学校和学区办公室领导者之间的紧密关系有助于将数据运用塑造为一种得到整个教育系统支撑的协同努力。几乎所有领导者都面临着如何引领需求多元、兴趣多样化的员工这一挑战。在此，我们再次强调，分布式领导能够有策略地建构变革的文化。

数据助力的领导者必须做好准备来支持那些需要拓展教学工具的教师。教师在数据运用方面和如何改进教学以满足学生多样化的需求方面的专业发展至关重要，共同合作和共享实践的时间也是必不可少的。缺乏这些支持，教师只会单纯地追求考试的分数，专注于狭隘的评价方式中的考试成绩进步，而不是为学生提供多种机会去学习并获得成功。我们重申，虽然高风险的问责系统旨在提升学生成绩，但它会在无意之中将一些教师推向错误的方向。

数据助力的领导者还必须帮助教师们建构决策资本——也就是在缺乏固定规则和无可辩驳的证据引导他们的环境中做出明智判断的能力[6]。一些教师在如何将他们对学生的了解和对教学的知识用在决策方面还力不从心。推动运用数据进行决策使得一些教师误以为他们不应该依赖他们的直觉，或者依赖他们在与学生的接触中对学生的了解。事实上，这些是极其重要的知识资源，所以必须鼓励教师们继续使用这些知识来引导他们的课堂教学。

建议五：建构目标、常规和工具来支持数据运用

数据助力的领导需要开发新的目标、常规和工具。这些结构性的支持对于数据助力决策过程的成功也是至关重要的。否则，旧的惯例和做事方式可能会与运用数据助力决策的努力相冲突。对于领导者来说，密切关注数据运用的活动是非常重要的，因为这些活动为重构数据运用、重构人们扮演的角色提供了机会。正是通过这些活动，文化的改变和结构的重组才能交织在一起。

建构与数据相关目标的过程与目标本身一样重要。在教育系统层面、学校层面和班级层面的目标设置是支持数据助力决策的重要支柱，也是衡量进步的工具。随着教育者聚焦于思考他们希望学生知道什么、能做什么，可以更深入地思考学生学习的含义，以及如何对学习进行测量。有了目标，他们就可以制订行动计划并不断对其重新审视和完善。并且，当最初的目标达到以后，就会形成新的目标。

系统范围内统一的课程指南是数据运用过程中另一个重要的工

具，数据助力的领导需要谨慎地管理它们。教师应该遵循这些课程指南，但是也需要灵活性（有时候需要很大的灵活性）来调整他们的进度和教学方法，以适应学生的需要，或者解决在他们成绩数据分析中出现的问题。学区和学校领导可以提供课程计划的支持，教师可以根据自己的需求进行调整。然而，这些需要通过引导而不是强制来实现。总而言之，通用指南允许所有教师在数据讨论时对目标和行动达成共识，同时，他们也拥有基于数据和专业知识的决策自主性。

基准测试对数据运用是有用的支撑，特别是当教师参与命题的时候。这些测试能帮助教师形成分析数据的常规，尽管单凭它们不足以产生数据助力的教学。还必须鼓励教师们运用关于学生学业成绩的多种形式数据，以便全面了解学生的学习情况。技术的进步使得教师分析数据变得更容易。基本测试和技术的运用必须融入持续改进的文化中，因为仅凭它们不足以实现数据助力决策的目标。

数据助力决策的领导还包括为教师提供结构性的合作时间。实际上，大多数教师认为合作不仅仅支持数据运用的基本活动，还能支持专业资本的发展。教师们可以在年级组、课程组或者部门之间进行交流，一起分析数据并制订行动计划。教育系统和学校的领导者有时会提供指导标准来引导教师们的讨论。我们访谈的大多数教师相信有了指导标准，就可以提高与数据相关的工作效率，但是需要完成表格有时候就显得流于形式了。同时，对于数据助力的领导者来说，重要的是，要求教师参与和协助开发这些工具，从而能够最有效地提高教师使用这些工具的参与度。毕竟，这些指导标准表格的使用对于数据运用而言，既有辅助作用，又起到一定的限制作用。

数据助力的领导需要周密地规划和实施这些新的目标、常规和工具，以促进数据运用的过程，同时放弃那些无效的内容。另外，对于4P的细致关注是必要的。这不仅包括预测个人如何采用新的工具和常规，也包括预测不同背景的群体如何使用它们。比如说，对一所学校或者学区有帮助的工具和常规，对于另一所学校或学区来说就有可能成为负担。

建议六：高度重视公平

数据助力的领导需要将公平问题置于数据运用工作的前沿，确保所有学生拥有平等的学习机会。在美国，低收入的有色人种学生通常没有机会进入高质量的、资源优越的学校。近期的经济衰退导致这些机会进一步减少。在很多地方，伴随着教师专业发展时间的削减和学校职员的裁减，学校改革已经处于停滞状态。在学校资源减少的同时，无家可归的、父母失业的、不能满足基本生活需要的年轻人数量在不断增加。更为复杂的是，这种状况还同时伴随着由政府或非政府机构提供的医疗服务和社会福利的减少。

数据助力的领导者在提升教师对所有学生成绩进步的责任感方面扮演重要的角色。如果教师和领导者对低收入群体、少数族裔等多样化背景的学生期望值较低，数据可以帮助解决这个问题。改变思维方式需要相当长的时间，因此，数据助力决策的领导需要坚持不懈地帮助教师消除关于学生的、妨碍学生进步的各种成见。在一些学区和学校中，虽然学生的家庭背景多样化，但是他们仍然能取得好成绩，如果能分享这些学区里学校和班级层面的数据，可以帮助教师相信他们也可以在提升学生成绩方面获得同样的成功。

　　将公平的问题放在首要位置需要特别关注如何使用数据来规划教学干预措施。周密地使用数据可以实现灵活多样的分组和个性化学习计划，从而促进提高所有学生的学习成绩。然而，过去 20 年，根据能力分组的做法显著增多，应用问责数据来关注学生成绩的各种达标率似乎为将差生分组提供了正当理由 [7]。错误地使用数据或者数据的误导也可能导致了能力分组这一现象的长期增长。研究已经表明，分组的做法会扩大白人学生和有色人种学生之间的成绩差距 [8]。数据助力的领导者必须长期坚持关注这些问题，以确保所有学生能够在既严格又生动的教学中获得成绩提升的机会。

建议七：围绕教学实践改进的数据运用

　　以改进教学实践为目的的数据运用对旨在改进所有学生教育质量的领导者是非常必要的。事实上，这一改革的思想前提是，以数据为导向的教师能够更好地设计课程以满足学生的需求。在学校层面，利用数据的领导者能够做出更

> 数据助力决策的真正力量是改变课堂教学实践的能力。

明智的决策，最终改善课堂教学实践。与专注于持续改进的道理一样，这里成功的关键在于，围绕多种数据来源进行有思想的、系统性的探究。

　　很多教师非常努力地思考如何运用数据来启迪他们的教学。他们运用所在学区的数据管理系统来分析基准测试的数据，运用计算机技术或者简单的纸笔记录来自己开发监测学生学业成绩的方法。他们实

施日常评价，并利用这些评价的结果为他们提供观察学生理解水平的"晴雨表"。他们仔细检查学生在课堂上包罗几乎所有内容的多种数据来源：正式评价、考试、测验、家庭作业、小论文、课堂上学生投入程度的观察，等等。就很多方面而言，这些都是以形成性评估为指导的良好教学实践[9]。这些教师运用多种类型的数据来构建他们学生表现状况的全貌并且创造性地规划课程，以适应学生的多样化需求。

在考察数据的过程中，最重要的也许是在做出改变教学的决策前，选择时机进行暂停、反思以及在必要的时候收集更多的数据。这与建构探究性文化直接相关。当然这可能会是挑战，因为研究发现教师对于数据的考察往往是粗略的而不是深入的，聚焦于对学生们表层性的理解。教师的数据分析往往比较简单，只为了解学生的优点和缺点，以便于重新教学一些离散的知识点[10]。教师必须深入挖掘数据以发现成绩规律分布背后的根本原因，无论是对个别学生、学生群体或者整个班级，他们都不能做出可能有害而不是有帮助的草率决定。一旦教师注意到学生成绩中的规律，就会发现有些内容需要重新教学，可以集体讨论新的方法，也可以咨询同事来想主意。通过试验和实践，他们可以收集信息，来发现哪种方法可以增强学生的动力，并提高学生对学习内容的参与度。

班级层面的教学实践改进，学生的学习成绩很大可能也会得到提升。正如我们长久以来就熟知但也很容易被遗忘的——如果想显著地改变学校里的状况，那么教育改革就应该指向教和学的核心过程[11]。一些人可能会说，在当前的政策背景下，教师做决策的权利受到了削弱。这在某种层次上是正确的，但是最终教师在课程上的行为对于教育改革有最重要的影响。教师们是积极地投身教育改革，或是消极地接受改革，甚至是拒绝改革，通常受到他们对工作环境和职业理解的影响[12]。我们的目标是让教师看到对学生多种形式的学业成绩数据分析所带来的教学中的巨大变化。由此，他们可以骄傲地宣布："我不知道如果没有这些数据的话，我该怎么办？"

以勇敢的领导力面向未来

美国的教育领域正在快速发生变化。我们努力对学生成绩进行更真实的评价，增加对技术的运用，更多地注重更高阶的、批判性思考的技能以及其他 21 世纪的学习目标。教师和管理者正面对多种新的需求和压力。这些转变为数据运用带来新的可能性和挑战，尤其是我们正在对"什么是学生学习数据"进行更广泛定义的时候。在这个新的时代里，数据助力的领导将变得更为重要。

以下是我们对数据助力的教育领导者的几点建议：

● 大胆地面向未来。抵制在分析数据时采用权宜之计或者快速得出结论的诱惑。

● 避免按事情缓急分类来解决问题，而是应该运用数据来实现长期的、持续的改进。

● 要想用数据运用来真正改进教学和提高成绩，那么反思性实践是至关重要的。

● 只有在拥有确凿有力的证据时才采取行动，而不是仅仅选择性地找一些数据点作为行动的依据。

● 在必须采取行动时，不要简单地全盘采用别的学校成功的实践。"一刀切"的教育改革做法从来都是无效的。

● 分析一些措施成功的原因并细致地理清经验教训。然后复制这些成功措施的原则，而不仅是措施本身。

● 提前考虑人们会对新的工作方式如何反应并预测潜在的问题。

● 持续地收集数据，以考察数据助力的领导是否会带来显著的改进。

● 让我们运用数据以确保所有的孩子真正地拥有学习的机会，从而实现他们的梦想。

附录 1　案例研究中学校和学区的特征

	年级	规模（人数）	种族/民族					免费午餐情况	英语学习者情况
			非裔美国人（%）	亚裔或太平洋岛国裔（%）	拉丁裔（%）	白人（%）	印第安人（%）	食用免费午餐的学生比例（%）	英语学习者比例（%）
A学区	K—12	50 000	1	31	53	15	<1	60	47
学校A	K—6	600	<1	72	11	17	<1	33	25
学校B	K—6	1 200	1	25	67	8	<1	73	56
学校C	9—12	1 600	<1	52	38	8	<1	67	42
B学区	9—12	15 000	8	3	42	44	3	60	10
学校A	9—12	1 600	11	4	47	34	4	55	11
C学区	学前（4岁）—12	58 000	32	2	61	6	<1	78	27
学校A	9	900	20	2	73	5	0	78	12
学校B	K—4	600	15	2	81	4	0	86	66

注：数字已四舍五入。它们反映了研究期间（2006—2007年或2007—2008年）研究地区的人口统计数据。

附录 2

战略性构建：领导者如何赋予数据意义以促进教育公平和学生学习

维基·帕克（Vicki Park）[1]，艾伦·简·戴利（Alan J. Daly）[1]，
艾莉森·维莎德·格拉（Alison Wishard Guerra）[1]

摘要

尽管探讨在学校层面数据驱动型决策（**DDDM**）的研究正在兴起，但是对于地方教育领导者如何有策略性地构建数据运用意义的关注还不多见。这一探索性的案例旨在研究学区和学校领导如何有意识地在一所城市高中实施数据驱动型决策。领导者有策略性地构建了诊断框架、动机框架和预后框架，来推动数据运用的文化，从而能持续改进学校。我们的研究表明，在此过程中领导者建立了：①诊断性框架，提出解决学生成绩和机会差距的需要；②动机性框架，聚焦于把学校改进定位为共同责任；③预后性框架，聚焦于渐进式的改革并制定共同的目标来监测进步的情况。研究表明，在引进和实施改革时，构建框架是一种重要的领导策略，需要认真对待。

关键词

改革实施，城市学校，质性研究，教育改革，领导，组织行为，

教育政策，学校问责，学校能力，学区

一、导言

与问责政策相呼应，教育政策制定者和研究者都强调把数据运用作为系统改进的重要策略。数据驱动型决策（DDDM）通常指系统地收集和分析数据来支持决策（Earl & Katz，2006；Marsh，Pane，& Hamilton，2006）。作为教育改革的关键工具，DDDM 蓬勃发展[1]，同时也得到了出版业的支持。除了为实践者提供数据运用"如何操作"的书籍和文章之外（Bernhardt，2004；Celio & Harvey，2005），很多研究聚焦于考察学区支持数据和证据运用所需的必要条件（Datnow，Park，& Wohlstetter，2007；Coburn & Talbert，2006；Honig & Coburn，2008；Kerr，Marsh，Ikemoto，Darilek，& Barney，2006；Togneri & Anderson，2003）；还有一些研究关注学校层面数据运用的实践及其面临的挑战（Diamond & Cooper，2007；Herman & Gribbons，2001；Ingram，Louis，& Schroeder，2004；Lachat & Smith，2005；Supovitz & Klein，2003；Young，2006）。

尽管关于学校里数据驱动型决策的研究数量显著增长（Lachat & Smith，2005；Marsh et al.，2006），但大多数关于数据运用实施的研究都聚焦于技术和结构方面，很少有研究关注地方领导者如何构建和解读数据驱动型决策的意义，并以此努力创造持续改进的文化。正如英格拉姆（Ingram）等人（2004）所认为的，关于学校变革和政策实施的研究往往过分强调实践和行为（例如如何运用数据），而忽视了改变学校文化的重要性——特别是学校改革的意义构建过程。这些学者断言，如果不能同步改变教育者的既定价值观和理念，教育改革将不会成功。在实施数据驱动型决策时，学校和地区的文化是重要的考虑因素，因为它们决定了教师和管理者如何解读并最终运用数据来做决策（Datnow，Park & Kennedy，2008；Coburn，Toure，& Yamashita，2009；Ingram 等人，2004）。

这项探索性个案研究的目的是，理解正式领导岗位上的教育者如何有策略性地构建数据运用的意义，从而影响数据驱动型决策的实施。具体而言，我们以框架分析作为理论指导来理解意义构建的过程。这种意义构建旨在培养有效的数据运用文化。以一所城市高中为案例，我们探究了哪些框架被开发并加以应用，以及这些框架影响信念转变的程度。通过关注这些策略框架，我们强调地区和学校的领导者与实践者在实施数据运用时对意义构建所起的积极作用。

二、概念框架

我们利用两类文献来考查领导者如何实施数据驱动型决策：学校改革的意义和框架分析。意义建构一般被定义为一个积极的、动态的过程，个人和团体通过这个过程来解读经验和观念并生成意义（Weick，Sutcliffe & Obstfeld，2005）。意义建构的前提假设是人们总是积极地构建知识；学习是特定背景下的互动过程；人们对学校改进的诠释指引他们行动的方向（Coburn，2006）。此类研究越来越多地将地方行动执行者视作处于实施前沿的积极主体，并强调他们阐释、适应或转变政策的过程（Coburn，2001；Spillane，Reiser，&

Reimer，2002）。这些研究对个体如何基于不同的角色、背景和情境来阐释改革提供了重要见解。

迄今为止，关于学校改革与意义建构的交互关系研究聚焦于教师和管理者如何根据他们的社会位置来多元化地解释学校改革（Spillane et al.，2002）。然而，很少有研究使用框架分析，来关注地方行动者策略性地影响其他人对数据驱动型决策的意义建构过程。虽然意义建构理论有助于推动该领域在政策执行过程中解读各种活动的意义，但是这个理论是有局限性的，因为它只强调大家公认的认知过程，而倾向于忽视人际关系的其他方面，包括权力和意识形态的动态关系（Weber & Glynn，2006）。进入决策职位和获得资源的差别，意味着一些社会行动者更有权力形塑社会现实。当权者有更多的机会界定哪些事物被重视或者被忽视、哪些被赋予特权或被压制，从而调控和规制行为（Coburn，2006；Firestone，Fitz & Broadfoot，1999）。因此，具有正式职位和非正式权威的教育者可以影响其他人对改革的看法。鉴于其在权力结构中的地位，正式的领导者往往有权力引导或指导意义建构过程。

作为对意义建构研究的补充，但同时强调创造共享意义和行动的努力，框架分析提供了一个分析构架来考察社会行动者在组织内部如何形成、触发或编辑意义。应用框架分析，现有的研究已探究了社会行动者如何参与策略性的意义建构活动以协调行动，包括如何构建问题和解决方案，以及用何种动机来劝服人们采取行动（Benford & Snow，2000）。考虑到社会行动者的能动性，那么重点不仅在于人们如何基于他们在框架内的社会位置来阐释改革，还在于意义建构过程如何起作用以促成共识或集体行动（Benford & Snow，2000；Campbell，2005）。框架分析表明，人们对社会运动的可信性和显著性的接纳度取决于三个核心的框架任务被阐明和共享的程度（Benford & Snow，2000）。第一个框架是诊断框架。在此框架下，社会行动者将重点放在界定问题，明确过失 / 责任，并做出判断（如是好的还是坏的）。第二个框架任务是预后框架。这种框架涉及提出解决问题的具体方案，包括实现目标的策略。第三个是动机框架，阐明行动的基本原理和依据。至于这些框架是激励了行动还是引起信念转变要取决于它们对个人的影响程度（即框架分析者称之为共鸣）。

总的来说，框架可以看作是通过赋予其意义来组织经验的工具。但框架分析者也表明，这是一个有争议和谈判的过程，其过程受到权威和权力关系的影响。虽然制度背景已经大致界定了有关公平和问责制的新政策，但是数据驱动型决策如何在地方层面构建起来，以及这种构建过程如何形塑教育者的意义解读，在很大程度上未能受到重视。这是一个至关重要、需要研究的领域，因为地方行动者如何在现有的制度框架和基层的组织框架之间搭建桥梁，很大程度上会决定参与者采纳和实施数据驱动型决策的程度。然而，除了少数例外情况外（Coburn，2006；Coburn 等，2009；Davies，2002；Grossman，2010），这个框架还没有被用来理解教育变革，特别是在地区层次的教育变革[2]。现有的研究很少探讨地区层面处于正式权力岗位上并具有影响力的人如何建构数据驱动型决策的意义，从而又如何影响其他人界定和阐释数据运用。本研究旨在探索研究中的这一差距，通过框架分析回答以下问题，以期对既有的学校改革理论做出贡献：
①领导者如何建构实施数据驱动型决策的意义；②领导者如何为其他
人建构意义；③教师如何在这些框架内理解和解读数据运用。尽管与
社会运动相关的各种行动者都可以构建和实施框架任务，为了达成本
文的目的，我们只聚焦于学区和学校层面处于正式领导职位者如何构
建数据驱动型决策框架。

在当前的政策环境下，学区和学校有可能不会将重点放在运
用数据进行持续的改进，而只将它当成政策任务来完成（Booher-
Jennings，2005；Diamond & Cooper，2007）。由于对数据的强调处于
高风险的问责框架内，教师可能会对数据的运用持不信任的态度。在
一项关于中学教师的全国性研究中，教师们认为数据为已做出的决
定、为提供处罚的依据做"帮凶"，而不是用来为决策过程提供信息
（Ingram et al.，2004）。在学区一级，费尔斯通（Firestone）和冈萨雷
斯（Ganzalèz）（2007）认为可能有两种截然相反的意义建构路径。一
种被称为问责文化，在一个短期的时间框架内，侧重于学生考试成绩
而排除教师和校长们的意见和声音，数据主要用于发现问题并监控政
策执行力度。与之相对，第二种路径被称为组织学习文化，强调学生
学习和教学改进，在长时段内看待数据，也考虑教师和校长们的声
音。文化上的差异反映了学区是在进行有意义的持续改进努力，还是
仅仅为了避免处罚而追求学生考试的分数。

实施数据运用中这些不同的文化是如何生成的？领导者在塑造
这些不同的文化时扮演了什么样的角色？数据在此过程中如何发挥作
用？学校领导在建构政策所传递的信息时可以起很大的作用：他们可

以决定如何理解政策，能够构建政策传递的信息并对它们进行解读，还提供材料加以支撑（Coburn，2006）。学区和学校领导者们参与任务构建的方式——诊断、预后和动机——很大程度上会影响教师们理解数据运用，也影响教师们对数据运用作为学校改进的一种有意义策略的信任程度。此外，领导者如何构建数据驱动型决策的框架将会影响他们塑造的数据运用文化类型。这要取决于他们到底是将数据驱动型决策作为促进持续学习的基本的、有用的策略，还是单单将其作为对付问责要求的一种方式。

三、方法和数据分析

本研究的目标是探讨学校和学区领导（见附表1）如何构建数据驱动型决策的框架，以及这些框架引起教师共鸣的程度。我们选择使用案例研究方法（Yin，2003）基于以下两个原因：①我们希望探究数据驱动型决策实施框架的内容和过程而不是结果；②我们的兴趣点在于，理解本地参与者如何构建和重构数据驱动型决策实施的意义。因此，该研究仅仅集中在学区的行政人员和教师如何构建理解框架并解读数据运用。我们的目标是在特定的环境和背景中扩展数据驱动型决策框架的过程知识。我们的目的不是要降低结构或行为的重要性，而是要突出当地的教育工作者如何参与改变关于数据运用的信念和文化，我们要将这一经常被忽视的过程置于重要位置。

（一）研究地点和背景描述

该探索性的案例研究数据来自于一项在全美国范围内旨在改

进教学的数据驱动型决策实施情况的大型调查研究（Datnow et al.，2008）[3]。梅萨高中是科斯塔联合学区的一所综合性高中。该学区规模较大，位于加利福尼亚州的一个城市（见附表 1，学区和学校的背景统计资料）[4]。我们选择该校是因为学区和学校领导都专注于创造关于数据使用的文化转变。

在研究领导者如何构建数据使用之前，我们必须先了解这些学校所处背景，尤其是当现有的研究表明，学校和学区的既有能力直接影响该组织对问责数据的反应（Diamond & Spillane，2004）。科斯塔学

附表 1　学区和学校的背景统计资料

项目分类	科斯塔联合学区 （加利福尼亚州）	梅萨高中
学生总人数 [a]（人）	48 700	1 800
学生背景		
非洲裔美国人（非西班牙裔）	1%	1%
亚裔	30%	50%
菲律宾裔	1%	1%
拉丁裔 / 西班牙裔	54%	39%
太平洋岛民	1%	1%
白人（非西班牙裔）	13%	8%
申请免费 / 低价午餐的学生比例	65%	70%
英语学习者	46%	34%
完全拥有教师资格的教师占比	98%	99%

来源：加利福尼亚州教育部。

注：数据为 2007—2008 学年。

　　a. 四舍五入取近似值。

　　b. 百分比进行了四舍五入。

区把数据驱动型决策看作是持续改进的关键因素。该学区给予学区人员足够的关注、时间和资源来支持他们使用数据。这包括与全州课程标准相一致的学区统一的中期评估，一个供教师和管理人员访问的网上数据管理系统，两周一次的教师协作时间来检查和运用数据，支持员工以协助数据运用。领导还鼓励教师在规划教学时使用各种形成性的学生学习评估手段。

作为科斯塔学区的一部分，梅萨高中被学区管理者视为教育改革的先驱，特别是在数据驱动型决策方面。在学业成绩上，梅萨在州内名列前茅，2007—2008 学年的学业成绩指数（API）得分为 763 分（满分为 1 000 分），和其他学生背景相似的学校相比，表现良好[5]。同年，该学校专任教师 70 人，平均教龄 13.5 年。和许多其他高中一样，梅萨高中为行政管理人员和教师均设有正式的领导岗位。学校两个主要的领导机构分别为行政管理队伍和领导团队。两者协作制定学校的目标，并作出日常的管理决策[6]。

（二）数据收集和分析

该研究的数据主要来源于半结构化访谈和焦点小组访谈（Creswell，1998），辅之以观察数据和文件分析。访谈的对象共有 27 名学区和学校的人员。研究小组在 2006 年春季和 2007 年秋季与学区人员进行了两轮访谈，时长为 1.5—2 小时（参见附录中的访谈人员名单，职位和数据来源类型）。在 2007 年的秋天，研究小组访问了梅萨高中，除了观察与数据相关的会议和课堂之外，还与校长、其他在场的管理人员以及教师进行了访谈和焦点小组讨论。这些访谈持续

45 分钟—1.5 小时。所有采访都被录音并逐字转录。我们还收集并分析了基于数据实施决策的文件（如教学计划、课程变更和政策调整）。此外，研究者还观察了与数据运用相关的部门会议和领导会议。

我们的分析结论基于理论框架和对意义构建内容与过程的理解。我们聚焦于研究领导者如何策略性地参与任务构建，以产生大家公认的数据驱动型决策的概念，并努力改变关于数据运用的既有观念。数据编码和主题的产生是基于概念框架中列举的核心框架任务：诊断、动机和预后。我们集中讨论了在职领导人产生的框架类型、产生的理由，以及其他教师和行政人员对这些框架的认可程度。在整个过程中，我们不仅关注已有的模式，还关注不成熟的做法和少数派的观点（Miles & Huberman，1994）。

四、研究发现

该探索性的案例研究阐明了学区和学校两级的领导者如何构建意义赋予的框架，并应用此框架来说服其他人员应用数据进行决策的重要性。我们的数据表明，构建框架的过程以及这些框架被运用的方式通常是相互加强、相互依赖并且动态地互为基础。然而，为了讨论的需要，这些框架被分成 3 个不同的类别。诊断框架聚焦于学生成绩差距的需求。该框架构建过程的其中一部分包括重新定义"关怀所有学生"的概念，并确保其学业成绩。在制定动机框架时，处于领导岗位者关注的重点是，将整个教育系统和学生学习改进作为共同的集体责任。这就要求构建数据驱动型决策意义的同时，转变谁拥有数据以及应该如何共享数据的观念。最后，预后框架的重点是进行渐进式改革，以维持改革并制定共同的目标以监测学生的进步。

五、诊断框架：应对不平等和机遇差距

对于数据驱动型决策而言，问责制的大环境为地方一级制定的一些框架定了基调。科斯塔学区和梅萨高中向数据驱动型决策的转变是多种因素共同作用的结果，但都受到州和联邦问责政策的共同推动。现阶段，运用数据来引领决策无疑不是什么新鲜事：学区的领导者一直在收集和分析数据，以便做出有关组织规划的决策。不过，学区领导者也意识到，他们很少试图以系统的方式或者是在与教师和行政人员合作的背景下看待数据。当加利福尼亚州的问责制和《不让一个孩子掉队法案》推出时，学区和学校的领导者决定将问责政策视为整个学区需要应对的挑战。这是一个重要的诊断性立场，他们将问责政策定位为一个成长的机会，而不是对现状的简单描述。学区主管解释说：

> 坦率地说，当《不让一个孩子掉队法案》在加利福尼亚州问责制之后出现的时候，尽管我们知道它存在问题，但也认为是一件好事，对于我们来说，在这里所做的第一件事就是接纳所有这一切，你知道，这并不是一件坏事……知道你的目标是什么、怎么去衡量……但是……我们所要的不仅仅是数字，可以这么说，数字有自己的意义。所以，我们就设定了一些标准，要求在学区层面能做到，必须在学校层面有效，也必须在课堂上有效，最后还要保证这些标准对学生和家长有意义。

为了支持这一观点，并描述该学区所致力的工作深度，学区的助

理主管补充道：

> 我们申明，即使州问责体制废除了，《不让一个孩子掉队法案》也失效了，哪怕所有这些都消失了，这（指前文所说的诊断性立场和学区基于此立场所设定的标准——译者注）还将保留在科斯塔学区。我们将创建自己的问责系统。因为这是好的，是我们的孩子获得与那些更富裕地区的孩子同等机会的方式。我们是他们的捍卫者。

总体而言，学区领导者们认为，新的问责制是教育改革的积极转折，尽管他们对该问责制让学校为学生成绩负全责这一问题持有保留意见。

在开始诊断成绩差距问题时，科斯塔学区的领导采取了询问的立场，并回顾了数据的变动趋势。如前所述，当领导者制定诊断框架时，将重点放在发现问题所在并确定其归因。对于科斯塔联合学区来说，问题的界定围绕着理解学生成果的差异。因此，对数据驱动型决策的需求与提高学生成绩及其公平性的需求齐头并进。学区领导提出这样的问题：如果教育工作者相信所有学生都有能力达到高标准，那么为什么还有一些学生不及格？学区领导者决定，花一些时间来反思并仔细检查数据比直接跳到找出解决方案或查明问题更重要。这一取向反映了在持续改革中渐进式变化的重要性。

除了按种族和社会经济地位分类的学生成绩数据（如考试成绩和绩点平均数）之外，学区还强调描述"学习机会"的数据（McDonnell，1995）。例如，当他们检查课程设置数据时，发现了一些令人吃惊的趋势，并提出了关于在同一所学校里是否所有学生具有

平等进入大学预备课程机会这样的关键问题。学区主管说道，

> 如果你是一名亚裔学生，而且分数基本达标，那么你进入大
> 学预备课程的机会大概是 80%。如果你是西班牙裔学生，你的成
> 绩基本达标，那么你上大学预备课程的机会可能不到 40%。

正如学区主管补充说的那样："并不是说我们一直忽视这个问题，而是只有当我们把数据呈现出来，人们才会想到怎么去解决这个问题。"考察多种类型的数据可以引导大家从对个别学校或学生考试成绩的关注，转向思考获得高质量学习的机会和方法。将诊断的结果用作反思和学习的机会，也能体现共同的和集体的责任。在此过程中，学区和学校的领导者开始推动探究性的文化，而不是直接强制性地使用数据。

（一）对关怀的重新定义

由于该学区将问题定位成学生学习机会的差距，他们首先必须明晰为什么这样的差距会存在。领导者在回应为什么成绩不佳这个问题的时候，首先要考虑如何将注意力从对学生及其家庭或者教师自身的批评中解放出来。在此过程当中，整个教育系统的各级教育工作者都要重新审视所有中学里对学生期望值较低的文化。其诊断框架的任务包括认识到学区不严谨的学术环境和较少的学习机会，尤其对有色人种和低收入背景的学生而言。然而，关于学生背景与学业成就关系的话题经常令人情绪激动，并且充满各种陷阱，因为任何诊断问题的尝试都包括描述问题的性质，同时找出责任人。但事实上，诊断框架的重点是运用数据作为信息，以确保对于学生的选课更加公平，而不是

指责系统中任何人故意伤害或玩忽职守。换句话说，诊断框架的部分任务要求领导者制定策略，将注意力从关注个人意图转移到实际结果上。该学区主管指出：

> 现在的问题不是说哪些人本质不好，也不是说教育体制本身导致某些学生被忽视。不管你的本意如何，成绩结果都是一样的。所有这一切只是一些期望和看法，这就是数据变得如此宝贵的地方。有了数据我们就可以说，如果你达到了合格水平，你就应该在大学预科班上。

数据显示学生上大学预科课程的机会不平等。这为学区提供了让教师讨论他们对学生的责任和期望的启动平台。此类对话被认为是非常有价值的，因为它们提供了正式的机会来分析学生的数据，并且讨论大多数拉丁裔学生和低收入背景的学生没有在该学区得到最好的教育机会这一事实。

科斯塔学区把问题诊断为对学生的学业期望值较低，而没有指责个体。这比较符合教育者的理想主义和道德价值观。就像学区所诊断的那样，问题所在并不是因为缺乏对学生的同情心或责任感，事实上教师们对学生很关心。但是同时教师们往往并不以高标准来要求学生，特别是对那些低收入家庭的有色人种学生。例如，在梅萨高中，校长描述了学校以前的文化：

> 培育对孩子们友善的环境并培养他们对教师的亲和力，这在梅萨高中是明确的。我认为作为一种学校文化，这是非常适合养育的环境。父母对学校很尊重，但各个层面对学生的期望都很低——从对他们的行为到学业。在这里，每个人都这样想："哦，

这些可怜的孩子们。"你明白我的意思吗？"他们的境况都已经如此糟糕了。"

语文教师卢克描述了之前的学校氛围，表达了与其他资深教师相似的观点：

在这里，我看到很多孩子被鼓励加入军队或去社区学院，因为毕竟他们的分数不够直接去读学院或者大学，特别是大学。

此外，虽然学业环境被形容为平等合作的，但教师并没有与同事进行与教学相关的讨论，或提高专业水准。通过框架性诊断，该学区将交流的水平提升到关于公平的观念（即平等的学习机会）和如何提高教与学的质量，将问题的性质定位在需要严格的学业要求，并创造关于这一问题的目标共享的观念。因此，领导层试图重新定义关怀的概念，作为他们诊断问题的一部分。

在梅萨高中，教师认为这个框架正在改变教师的信念和实践。几位资深教师提到，高学业成绩标准越来越受到重视。蒂娜（Tina）是梅萨高中行政领导团队的成员，也是一名教师。她描述了学校文化的改变：

它在很多方面都改变了……现在更重视孩子们的参与，你知道的，就是学生的参与……我想我们在梅萨高中的一个优势是，我们要求教师每年对每门课进行诊断，而且不能有"我已经教这门课20年了，这是同一门课，我肯定不会错的"这种想法。课本身可能是一样的，但是你的学生每年都会完全不同。

她补充说："我们愿景的一大部分就是，永远不要为自己的学生取得的成绩自满，也不要对自己的学生做任何假设。"在过去的几年中，校长指出："我看到教师们在这方面的发展，现在我们看到教师们还是非常关心学生的，但同时也对他们提出更严格的要求"。然而，正如我们在后文所解释的那样，如果不能直接挑战对于学生能力和背景的缺陷思维的话，仅仅设立较高的学业成绩标准并不能产生公平的结果。

（二）动机框架：扩大集体责任和安全使用数据

当领导者参与制定动机框架时，将重点放在提供行动的依据上。虽然科斯塔联合学区和梅萨高中的教职员们开始意识到对学生学业成绩要求低是一个问题，但他们仍然需要一个依据来将数据驱动型决策视为改善教和学的核心工具。正如框架分析所指出的那样，诊断出问题和提出解决问题的策略并不足以保证让所有人采纳：领导者必须提出改革的合理依据，并且让教师和其他人的利益与数据驱动型决策的实施息息相关。虽然履行问责要求或达到学区的既定目标通常是一个典型的策略框架，但仅有这些不会成为有效动机框架，以此鼓励员工真正相信数据与决策的相关性。

当首次引入数据运用时，教师和管理者担心绩效结果将会用于某种政治目的或用来不公正地评价学校。克服这种恐惧是重要的，因为学校中有效地进行数据驱动型决策的条件之一就是相互之间坦诚合作的能力（Ingram 等，2004；Marsh 等，2006）。学校需要明确地对待数据运用的动机框架，因为教师们普遍认为《不让一个孩子掉队》法案中的许多问责机制［如年度进展报告（AYP）］是以高风险为导向的。学校领导者相信正确引导关于学生、学习和教学的对话具有重要性，因为这样能使教师感觉到自己在进行积极主动的改进，而不是被动参与或受到官僚主义的阻碍。

学区领导者有意地将数据驱动型决策定位为不仅仅是一个问责机制，更主要的是作为改进教与学的必要策略。领导者承担着围绕着更高水平的学习与教学目标来界定数据运用目的和动机的任务。答案并不是显而易见的：学区和学校的领导们绞尽脑汁，努力解释数据运用如何确保所有学生获得公平和严格的学业机会。学区主管认识到，激励职员们超越把数据视作问责机制这一观点是重要的。她介绍了她与员工谈话的要点：

> 突然之间，一旦完成了目标设定过程，我们不得不问：这些目标的目的是什么，仅仅是便于我们达标？那么，为什么你要达标，只是为了不受到年度进展报告和 API 的惩罚吗？不，我们这样做（运用数据去激励）的真正原因，是为了让学生们能够在严格的大学预科课程中取得成功，在将来取得成功。

为了强调学区希望超越问责要求这一意愿，近期的对话已经从完成上级任务到承诺的框架转变。学区主管说，"完成任务是正确地做事，承诺是做正确的事，完成任务是在你的课堂里做正确的事情，承诺是确保正确的事情发生在每一堂课上、每一个学生身上"。通过注重动机框架中关于公平和集体责任的主题，领导者努力创造一种意义建构的文化。在其中，教师们为整个学校承担责任，而不是只对自己的班级负责。

确保数据安全。动机框架的很大一部分需要重塑人们对数据分析的看法，以及关于谁拥有数据的看法。从系统层面到学校层面的领导，都达成了一个共识：数据的共享和使用必须以无威胁的方式存在，才能培养学习和改进的文化。为了鼓励合作和集体责任感，学校领导们强调数据共享的必要性。在教育系统的各个层面共享数据是教育工作者的范式转变。对于像科斯塔这样的学区来说，在他们自己的学校里，如何分享和使用数据是没有先例的。学校领导团队认为，数据必须是安全的，必须让人们感觉舒适。也就是说，教师只有在深入研究数据分析时感到安全，才能更好地分享教学实践或寻求帮助。为了做到这一点，领导们引用了医学上的"恰到好处"类比，以促进一种将数据视为教学工具的框架。学区主管描述了他们与教师和管理者分享的意义建构框架：

> 所以这是我们想让所有人接受的……你知道，建立一种数据文化，数据是你的朋友，就像医生一样，实验室报告也不是坏事。我的意思是说，我不希望他们靠猜测割掉我的肾脏，我想让……他们做正确的检查，以确保他们取出的是正确的器官。我们正试图建立这种文化，对我们来说，这是一种新的文化，对所有人来说都是……从来没有像这样有这么多数据让我们这样运用。所以，我真的看到这种趋势的到来，但需要很多的讨论。

学区领导者专注于检测数据，而不是指责某个教师或学校在考试中表现不佳。"去个性化"数据的部分原理是激励教师对自己的教学实践进行客观评估，同时保护他们的自我效能感。教师和管理人员提到，这些类型的框架转变帮助他们以积极的眼光看待数据驱动型决策的实践，尽管它并没有完全消除对数据的情绪化反应。

梅萨高中的校长和其他校领导对激励教师使用数据持相同的态

度。在该校，数据共享受到鼓励，并被构建为一个非评价性的工具。教师们尤其被说服在与同事的合作学习环境中运用数据。为了让这些合作会议成为学习的机会，行政管理人员几乎不对这些会议做任何的监督。科学教师凯蒂娅（Katie）分享了她是如何迅速地适应自己与同事分享数据的经历：

> 刚开始的时候，我第一次来到这里，坐在那儿参加这些会议，把我认为是个人化的学生数据放在大家面前，供大家看，真的很奇怪。我认为只需要一次这样的会议，一次合作的机会，就知道谁也不是很在乎这些个人数据。我认为每个人应该做的是怎么能为孩子们做更好的事情。他们中的大多数人都意识到我们可以坐在那里说"小约翰尼那么可爱""小约翰尼很好"，但是这些都没有告诉我们关于小约翰尼的任何实质性东西和他的表现。

梅萨高中校长被认为是对推动大家对数据驱动型决策的态度向积极方向发展的重要人物。几位教师描述了他们校长在培养大家对数据的学习态度方面的作用：

> 我认为，尽管教师一开始就很抵触，但唐娜（Donna）校长在推进正面、积极地看待数据使用方面做得很好。我的意思是她给我们提供了机会。如果你觉得没做好，还有退路；如果你失败了，可以再来一次。你知道，她这样做的时候不带个人感情色彩，而是让教师达到他们自己能达到的水平。
>
> ——康迪斯（Candice，科学老师）

> 大家处于不同的水平，唐娜校长真的很擅长引导大家说这是我们需要达到的目的，但是她给教师一定的自主权，而不仅仅是

跟着指示走！你知道她真的在一步一步慢慢来，先是鼓励大家主动参与，然后开始在整个校园里推广。即使是那些反对者也开始行动了，噢，你知道的，他们准备试试看。

——迪安娜（Deanna，英语老师）

所以说，从数据中和从自己的错误中学习是使数据运用变得没有威胁的一种方法。校长作为分步骤说服和推动员工执行任务的坚定者，承认不同的教师处于理解和使用数据的不同阶段。蒂娜（Tina），作为 Title I 项目 ① 的协调员，也是学校领导团队的成员，肯定了这种态度是在学校实施变革的经验中产生的：

不幸的是，当你做出决定，要求每个人都朝同一方向努力的时候，并不是每个人都愿意的。所以，你几乎是在制造阻力，因为恐惧，你知道，肯定有这么一位教师会说："哦，我的天哪，这不是我的教学风格，你要我跟孩子们互动吗？"很快恐惧就产生了。这（和学生互动）可能是世界上最好的策略，但他们甚至不会试一试。

相反，领导层提供了多种机会来接受培训或提供使用数据的多个切入点。学区和学校的领导们承认，为了激励他人，对变化和情绪的抵制必须谨慎对待。

当领导者关注数据驱动型决策动机框架的实施时，他们认识到有效的变革不是简单地从好的理念或实践中演化而来的，社会和关系方

---

① Title I 是 1965 年联邦政府《初等与中等教育法案》*Elementary and Secondary Education Act* 的第一部分，即 *Title I of the Improving the Academic Achievement of the Disadvantaged Act*，简称《Title I 法案》。

面的变化也需要应对。在梅萨高中老师的例子中，校长和学区的其他领导者们认识到，对评估或学习其他新东西的恐惧等情感反应可能会给数据驱动型决策带来障碍。如果不直接面对改革的这一方面，数据使用的可信度和显著性会受损。最终，教育工作者必须被说服，认可这个想法不仅是好的，而且对他们自己和学生的好处大于坏处。

（三）预后性框架：持续改进和反思性实践

除了制定数据使用的诊断和动机框架之外，领导者们还需要构建预后性框架，设计如何运用数据来改进教学与学习的策略。框架分析表明，要使改革效果显著和可信，领导者必须制定出解决问题的实质性策略。在科斯塔学区和梅萨高中，通过预后性框架制定的策略聚焦在持续改进的方法上，其重点是让教职员工明白收集和使用数据的重要性。科斯塔学区已经存在一个建构的框架来明确他们看待变化和改革持续性的视角。在思考数据驱动型决策时，他们利用已有的框架，分步实施，聚焦于让各个层面上人们认可和采纳。他们采取渐进式的变革方式，超越了考试结果，决定制定多样化的问责措施，尤其是他们认为州和联邦责任制度过于狭隘。这被认为是实施数据驱动型决策的关键方法，因为正如领导者指出的那样，一些学校有可能只是为了"追逐数字"，而不是做对学生有利的事情。

科斯塔学区和梅萨高中的领导者们都认为不可以强制要求数据运用，所以他们有策略地聚焦于建立一批认为数据驱动型决策有价值也有必要的教师队伍。学区的助理主管解释说："所以我们只是慢慢地让它增强……但是我们试图建立一种对我们的使命不具有破坏性的策略。可以这么说，并不是所有人都已经接受数据驱动型决策这一观念，所以我们慢慢地持续推进改革"。此外，学区领导者将学生考试成绩的差距这一问题视为提供帮助的机会："告诉我们，我们给了你什么工具。这些工具可能不便使用，我们需要提供更多的支持"。在此过程中，该学区将自己定位为对学校日益重要的支持者。与此同时，学区传递了明确的信息，让学校对自己的成绩负责。学区主管说："也许你对此并不太在乎，我们仍然要求你们对学生成绩负责"。由此看来，这个学区在提高问责要求的同时加大了支持的力度。

1. 生成作为反思实践的目标

尽管问责制对成功、失败和成长的定义越来越明确，但持续改进的过程却是学校不得不打开的"黑箱"。作为其策略的一部分，该学区的领导团队决定制定一个正式的全区范围内统一的目标，以确保每个人都有一个共同的目标。拥有目标是预后框架的一个重要方面，因为它们将注意力和资源引向共同的愿景。学区领导决定尽早集中精力制定合理的、可以客观地评价进步的指标。因为他们相信"我们希望所有学生成为终身学习者"这样宽泛的目标，无法让学区评估该目标是否达成。他们也意识到，他们需要重新思考中学阶段的目标。学区主管反映说：

> 我的意思是（过去）我们使用数据时，认为我们是在做正确的事情，但实际上我们做错了。我们试图瞄准州标准，这个标准到六年级是可以理解的。但是接下来到了中学阶段，你必须改变你瞄准的方向并思考，你的目标是什么？你希望孩子们获得打开加利福尼亚州州立大学（CSU）大门的钥匙，或是更为理想

的加利福尼亚大学（UC）和／或某种技能熟练的职业。你想让他们带着可以打开任何大门的钥匙离开。那么他们究竟需要什么呢……所以这就是数据中的重要信息：只有你仔细想想你想达到什么目的……，你才能做好。

学区领导也意识到这样一个事实：他们的目标需要建立在他们独特的背景下的优势和需求上，而不是从别的地方照搬过来。在这个过程中，学区领导团队意识到一个关键的问题，即他们没有足够的能力来表达出强有力的目标[7]。总的来说，目标制定的过程耗费了大约3年的时间，才在整个学区教育系统正式形成。领导者们认为，制定目标的过程是非常宝贵的。因为在此过程中不但制订了面向未来的计划，而且他们对如何看待数据的理解得到了很大的提升。因此，制定目标不仅是在学区内形成共同目标感的重要策略，而且制订过程也被认为是一个具有关键意义的生成策略，这使得工作人员能提升一种实现其目标的能力。正如学区的助理主管所分享的：

> 其他学区希望拷贝我们的目标，然后根据他们自己的情况调整，但他们没有意识到的是，在建立目标、考察数据、得出结论的过程中才能取得进步。我们得出的结论是基于我们做得好的地方和我们做得不好的地方，来制定我们下一步的目标，然后才能寻求资源来弥补这些差距。

科斯塔学区的整体目标几年来一直保持不变，虽然个别学校也根据自己的情况制定了衡量进步的措施。

作为梅萨高中预后框架的一部分，校长和她的领导团队已经制定了两个主要的关于数据运用的实施目标。第一个目标是让教师分享他们的数据，并协同合作以实现最佳的教学方法。学校最近定期举行部门和科目团队会议，以促进数据分析和教学计划的反思。梅萨高中的第二个目标是：所有教师都通过分析学业成绩和学生背景数据，来做出关于差异化教学或课程安排的决策。在高中阶段，越来越重视让学生达到大学入学要求。这个目标直接关系促进公平和平等的学习机会。一种方法是重新设计课程，为所有学生上大学做准备。课程从基础课程、大学预备课程和荣誉课程，改为大学预备课程、荣誉课程和先修课程（AP）。英语教师帕梅拉（Pamela）认为，重建课程水平以提高大学升学率，并为学生提供上 AP 课程的机会；还可以让一些教师不再利用关于学生的缺陷思维，将自己低绩效的教学行为合理化。由于学业表现不佳的学生被分散在不同类型的课程，理论上教师应该能够比较不同教学实践和协作的有效性。她详细阐述了这个问题，并讨论了教师行为的变化：

> 有些教师会说："我班上的孩子水平那么差，所以我当然做得差。"但是现在，所有低水平的孩子都已经分散在各个班级中，除了一个不需要参加考试的读写辅助类课程外，现在没有基础课程了。所有学生都在相同的班级上英语、历史、数学或其他课程。现在应该说，"我们的学生都是相同的，所以分数应该大致相同"，所以也不应该有太多的敌意或者任何其他的东西了。那些曾经抱怨过的人看上去就有些傻了，你知道我的意思吗？所以他们就停了下来不再抱怨。

然而，需要指出的是，帕梅拉所教授的荣誉课程班级学生学业表现优于大学预科班，可能对她的看法产生了一定的影响。

虽然学校可能调整了课程，以提高学业期望，但教师们表示，他们班级里的学生构成并没有太多变化。有些教师的评论与帕梅拉关于班级重组导致了对学生态度改变的观点并不吻合，这表明关于公平、学生学习以及数据使用动机的意义构建框架仍然处于争议之中。另一位英语教师海莉（Hayley）谈到了围绕数据的合作对她不起作用：

> 我们开协作会议时一起看班级成绩时，我将我班上的成绩与另一位资历较浅的教师任教班级的成绩进行了比较，我的学生得分非常高。你的学生考得不好，我是怎么教我的学生的。但是，这不是一个公平的比较，因为我教的是 AP 课程和荣誉课程的学生，所以我的学生分数肯定超过其他大学预备课程的学生。所以这真的不是公平的比较。这对我来说似乎有点荒谬。

对于像海莉这样的教师来说，数据并不能促进协作，因为她相信考试成绩是根据班级构成和学生的能力水平被预先确定的。

其他评论揭示了基于能力水平的学生分类对教师对数据运用的信念产生影响。与帕梅拉同班级的英语教师南希（Nancy）分享了她在使用和分享数据方面所受的挫折：

> 说实话，我们没有什么基础课程。在我们的大学预科班中，都有基础课程水平的学生，所以使得分享数据也很困难。除非你只教荣誉课程，否则你的大学预备课上会有远远低于基础课程水平的学生。有些学生根本不在乎（课程内容）。

另一位英语教师认为公平和卓越是竞争而非互补的目标，因此对班级结构的调整有负面的看法：

你知道，我开始教书的时候，我们有基础英语、大学预备课程和荣誉课程。现在，我们有 AP 课程、荣誉课程和大学预备课程，没有了基础英语。所以大学预科，你知道，我的意思是你必须给大学预科打个引号，因为这不是真的大学预科。我的意思是这些学生可能不会去上大学。

一些教师认为对学生进行能力分层的做法与相信每个学生都有可能达到很高学术水平的想法是矛盾的。关于学生不分类别的研究和对其他以公平为导向的教育改革的研究表明，如果不解决教师关于学生能力水平和学习能力的隐含假设，结构变化对于实际产生公平的结果几乎没有作用（Lipman，1997；Oakes，Wells，Jones & Datnow，1997）。在梅萨高中的案例中，对班级重新贴标签导致了结构修正，改变课程的名称以显示高目标（如大学预备），但是学生仍然按能力水平分类。虽然领导班子和我们所访谈的大部分教师都关注平等，但是对于学生能力和学习的既有信念并没有明确。由于班级的重构并没有从根本上打破对学生进行分类，数据似乎并未挑战教师隐含的关于学生的缺陷思维。教师的评论表明，高学术水平和平等的目标可能会受到诸如能力分组等课程组织的阻碍。因此，虽然制定共同目标作为学区动员教师和管理者聚焦于数据运用以改进教学的策略在一定程度上是有益的，但领导者为促进数据驱动型决策而形成的意义建构框架，并未能鼓励教师直接挑战这些长期存在的关于学生能力的假设。

2. 持续地监测进展

作为持续改进的工具，数据运用的学区预后框架的很大一个组成部分是需要一种经常性评价进步的方法。为了全年监测学生的表现，而不只依靠年终州级考试来为决策提供信息，学区创建了与课程指南和教学进度计划相一致的基准考试[8]。该学区这样做的依据是，每季度进行一次评估能确保学区不偏离正轨，同时也使学校能够灵活地进行自己学校的或教师个人开发的评估。

除了学区要求的评估之外，梅萨高中的教师还进行了他们自己部门开发的中期基准考试。所有的核心科目和一些选修课程（如艺术课程）都进行中期基准考试。此外，教师经常使用由教科书或课程包提供的其他测试。学区也开始依靠 SAT 考试的预备考试（PSAT）成绩作为数据源。学区领导要求所有十年级学生参加由学区付费的 SAT 预备考试，并依照这些数据来安排 AP 课程。随着学校在数据运用和决策方面变得更加娴熟，学区的领导者期望所有学生都可以上 AP 课程，或者至少有更多机会上 AP 课程。此外，由于学区越来越注重确保学生都能有上州立大学的资格，所以课程注册被认为是监测学校进步的重要工具。

由于评估和教学进度计划的频繁变动，梅萨高中的教师们质疑学区所开发的考试的有效性。教学进度计划和基准考试的不断调整似乎使得教师对运用数据做出教学决策的信度和效度产生了一些不满。尤其是教学进度计划，使得一些教师认为基准考试并不能反映实际学生真实学习状况，而只是肤浅地保证涵盖了所有内容。因此，虽然相似的课程指南和教学进度计划可能会帮助教师"保持步伐一致"，但在不断调整的时候也可能会起反作用。当教师们认为基准考试不能可靠、有效地反映教学实践时，从这些考试评估所得出的数据就不太可能启示教学。

　　总的来说，管理者和教师们认为，持续改进的预后框架有助于将重点从仅仅使用数据满足问责的需求转移开来，但诸如教学进度计划和基准调整等策略似乎却降低了教师使用数据的相关性。科斯塔学区特别专注于制定目标、监测进展情况和不断重新评估绩效的过程。这些策略是为了培养数据驱动型决策的能力，并确保学校改进的可持续性。学区鼓励学校使用数据驱动型决策的做法，在课程、教学和政策方面做出了实质性的改变，从而努力提高学生的学业水平。学区大部分工作仍在不断改进中，因为它不断完善目标，开发日益复杂精密的方法来改进工作并提高能力。教育系统领导所承担的核心框架任务表明，由于该学区试图深化对数据驱动型决策的运用，框架构建将是长期持续的努力过程。

六、结论

　　在这项研究中，我们检验了学区和学校的领导者如何构建数据运用的框架，侧重于他们如何创造机会来共同理解数据驱动型决策的实施。这些框架任务为教师和管理人员构建和重构数据运用的目的和效用创造了条件。科斯塔学区和梅萨高中的案例揭示了领导者如何进行数据驱动型决策的核心框架构建任务，以及框架构建的过程如何影响数据驱动型决策的最终实施。

（一）建立数据驱动型决策实施的框架

　　我们的分析表明，领导者应用诊断、动机和预后框架来创建一种数据驱动型决策的文化，这种文化聚焦于运用数据进行持续改进。围绕数据驱动型决策构建的框架似乎是动态的，并与既有的关于数据运用和改革理论的信念和导向相互作用。本研究中的领导者们认识到，运用数据完成上级指派任务并不会导致真实或持续的数据使用。将数据驱动型决策概念化为一个可以直接指导教学过程的持续改进策略，并加以策略性的意义建构，才能让领导者在实施数据驱动型决策过程中加以利用，以说服教师数据运用的重要性。

在诊断框架方面，学区领导者面临着提高对学生的期望这一明确而又艰巨的任务。在梅萨高中所在的学区，领导者把学生成绩不佳归因为学习机会不平等的表现。这与教师们道德和伦理的观念相符。学区和学校领导者强调的动机框架表明，数据运用的主要理由是需要持续改进，而不是仅仅为了满足问责要求。此外，需要解决的还有对变革的情感反应和既有的社会互动规范。这个学区的教师们似乎并不需要额外的动机运用数据来改进个人的教学，但却需要支持公开地分享数据并合作的理由。这个理由需要一种关于谁拥有数据、数据如何共享以及如何使用数据的范式转变。在这个案例中，动机框架应用支持教师们以非威胁性的方法分享数据并构建数据的意义。最后，预后框架聚焦于全学区统一的目标发展和对学生学业成绩的经常监测。这些框架的结果褒贬不一，暗示目标和学生成绩的监测可能是更有争议的过程。虽然应用框架是重要的，但我们的数据表明，除此之外，领导者还必须铭记长期的规范、信念和结构（例如对学生按能力进行分类）。这些可能会阻碍对学校层面绩效趋势的研究。因此，为了让改革实施者认为这些框架可信，还需要符合或略微调整既有的信念和实践。

这项研究对理解领导力和政策实施要素也有重要的启示。建构框架可以被概念化为一种劝导策略，旨在争取和维持对某种事业和信念的支持。领导者如何建构数据运用的框架以及他们提供什么样的概念工具，对于当地的教育工作者如何理解数据驱动型决策可能是非常重要的。我们的研究表明，领导者有意识地建构改革形态框架的方式在一定程度上形塑了他人看待新观念的显著性和可信度。建构框架的过程需要坚持不懈的努力来生成对政策信息的共同理解。领导者需要花时间来反思他们现有的信念和实践以及他们关于变革的理论，而不是直接进入政策的实施阶段。建构框架是一种策略性活动。这种活动需要反思现有的实践和信念，提出在新的或已有变革理论中的可能解决方案，以传递与政策实施者产生共鸣的政策信息。为了支持数据驱动型决策，领导者可能需要确定共同的问题或目标（即诊断框架）。为了使数据驱动型决策合理化，他们也可能必须制定行动策略和动机框架，为获得其他人的支持提供依据。要想让数据运用成为一种有效的改进策略，领导者和其他人可能需要明确定义数据的使用，并阐明将产生具体行动和结果的过程。

（二）对理论和研究的启示

在本研究中，框架建构活动的分析基础是将政策作为一项社会活动的结构来研究（Coburn，2001；Spillane，Reiser，& Reimer，2002）。在这些活动中，正式和非正式的互动模式影响着政策实施者的意义生成过程。迄今为止，大部分此类研究都将意义生成描述为组织内部功能，而很少注意学区和学校的领导如何共同构建或编辑这种意义的生成过程。这些研究也倾向于将意义生成作为一种无意识的活动，在这种活动中个人在对意义进行判断后实施政策。另外，大多数关于数据驱动型决策的研究都想当然地认为其意义和过程是与模型自成一体的，因此很少探究实施者是如何定义数据驱动型决策的。通过使用框架分析，我们的研究通过聚焦在更大框架内的有意识的意义建构活动，扩展了政策实施的理论路径。框架分析提供了分析的路径，就是如何有意识地创造出关于新的改革的意义，使改革在学校等组织中具有显著性和合理性，以及那些政策实施者又如何赋予改革以意义并最终实施改革。

我们的研究表明，政策的实施不仅是学习过程，而且是政治活动过程。在此政治活动中，各种行动者通过建构框架、指导、支持、约束或转变等手段，对实践者关于改革的意义构建产生影响。构建框架的行动突出了数据驱动型决策的部分元素，反过来也可能忽略其他元素。也就是说，框架有能力将注意力聚焦在通过数据运用改进教学和学习的愿景与努力上，但是这些相同的框架也可能会限制其他不同的视角。这种限制的行为似乎表明，领导数据驱动型决策的行为不仅涉及管理技术方面的专业知识，还涉及固有的政治过程。在此过程中有些框架被重视，从而影响到意义的形成和潜在的结果。

同时，这项研究说明虽然框架在政策实施过程中起着重要作用，但不足以颠覆长期存在的信念和做法。正如意义建构论者们所指出的那样，当社会行为者遇到新的改革理念时，他们依赖既有的假设和能力来实施政策与实践。（Spillane，Reiser，& Reimer，2002；Weick等，2005）当对学生能力的缺陷思维没有被正视和得到改变时，仅仅改变对数据的信念可能不足以带来教学的改善。对过去改革的研究发现，如果没有批判性对话提供另类观点的话，处于支配地位的学生能力缺陷模式的建构就会得到加强和复制（Lipman，1997；Oakes et al.，1997）。有关运用数据改变教学实践或改善学生学习的框架很有可能会与现有假设相冲突。在这种情况下，最好对这些假设进行明确检验，或者领导者能够成功地阐述聚焦于学生优势的另一个框架。

这项研究对未来的研究也有启示。首先，正如本研究所表明的那样，改革的实施不仅仅是实践和行动，还是信仰和态度的转变。理解领导者如何生成关于政策信息的意义可以帮助我们理解行动者如何在社会层面构建改革观，以及学校改进中的数据运用得到支持或受到阻碍的影响因素。我们还可以将这种分析策略应用于其他类型的政策实施，以理解意义生成活动的结果。比如说理解框架建构在系统的不同层次上对信念和行为可能产生的影响。

其次，由于我们这个探索性案例研究的范围有限，留下了许多关于数据驱动型决策实施和框架构建过程的未解问题。这里所分享的仅仅是那些处于正式领导职位的领导者们关于数据运用的意义如何建构。使用框架分析来进一步考察教育工作者如何长久地理解这些框架，以及这个框架的构建过程如何在多种环境和结构（如部门层次的亚文化和非正式的教师会议）中进行谈判并生成有益的框架。研究非正式领导者是否构建数据运用的意义、如何构建数据运用的意义，以及这样构建出来的框架与正式领导者所创造框架之间的相互作用是非常重要的。本研究的另一个局限是选择了自我认定为数据驱动并且是高绩效的学区和学校。正如黛蒙德（Diamond）和斯皮兰（Spillane，

2004）所发现的那样，被认为低绩效的学校通常认为，数据运用令人泄气而不是赋予力量。关于低绩效学校和高绩效学校如何建构数据驱动型决策框架的比较研究阐明，它们之间的区别取决于学校环境和框架应用在何种程度上改变了既有的信念。比较研究的意义在于，考察领导力如何用框架建构来影响教育者对于数据的态度，并考察这种影响是否在高绩效学校和低绩效学校之间存在差异。

正如大多数改革一样，数据驱动型决策的实施是动态的过程，受到教育者在不同层次上如何建构框架、理解并运用数据的影响。如果改革只注重教育改进的技术和结构方面的努力，往往会忽视参与者之间的学习和意义建构的过程，也会忽视可能影响这些过程的更广泛的框架。在追求卓越教育和教育公平的同时，政策制定者们不要忘记，学校最终是政治的、社会的系统。在这一系统中人们的互动、既有的知识和假设都会在新的政策引入时发挥作用。要想改革有所作为，框架、资源、能力和意义建构的复杂组合必须汇集成一个有意义的整体。

附表 2   科斯塔联合学区和梅萨高中参与者名单

名 称	部门以及职位	数据源
林恩（Lynn）	学区主管	访谈
吉娜（Gina）	学区主任—中学教学指导	访谈
卡罗尔（Carol）	学区助理主管，主管课程与教学	访谈
汤姆（tom）	学区主任—研究与评估	访谈
唐娜（Donna）	梅萨校长	访谈
蒂娜（Tina）	Title I 项目协调员和工作人员 发展协调员 教师—科学	访谈

（续表）

名　　称	部门以及职位	数据源
安妮（Anne）	教师—艺术部主任	焦点小组
迪安娜（Deanna）	教师—英语	访谈
卢克（Luke）	教师—英语 工会代表	访谈
吉恩（Jim）	教师—英语	访谈
帕梅拉（Pamela）	教师—英语	访谈
海莉（Hayley）	教师—英语	访谈
南希（Nancy）	教师—英语 学校领导团队	访谈
科尔（Cole）	教师—数学	焦点小组
迪安（Dean）	教师—数学	焦点小组
凯特（Kate）	教师—数学与英语语言发展部主任	焦点小组
简（Jane）	教师—数学 学校领导团队	焦点小组
理查德（Richard）	教师—音乐	焦点小组
丹尼尔（Daniel）	教师—科学	访谈
弗兰克（Frank）	教师—科技	访谈
金伯利（Kimberly）	教师—科学部主席	访谈
坎迪斯（Candice）	教师—科学，教练	访谈
马索姆（Mason）	教师—科学 学校领导团队	访谈
克雷格（Craig）	教师—社会研究	焦点小组
蒂姆（Tim）	教师—社会研究同伴教练	焦点小组
琳达（Linda）	教师—特殊教育部主任	焦点小组
李（Lee）	教师，世界语言	焦点小组
总共：27 名教师		

（三）致谢

作者感谢匿名审稿人，也感谢阿曼达·达特诺（Amanda Datnow）和克里斯汀·塞文（Christine Cerven）的有益评论和反馈。

（四）利益冲突声明

作者声明，本文的研究，作者和出版物不存在潜在的利益冲突。

（五）资金

作者披露了对本文的研究，作者和 / 或出版物的以下财务支持的收到：本研究的资金由新校风险基金资助（New Schools Venture Fund）提供，最初由比尔和梅琳达·盖茨基金会以及威廉（William）和弗洛拉·休利特基金会提供。本文内容的责任仍然由作者自负。

（六）附注

1. 本研究借鉴了 Earl 和 Katz（2002）关于数据构成的广义界定。他们将数据定义为"使用定量和 / 或定性方法通过系统测量或观察或分析某些感兴趣的现象而收集信息所产生的总结"（第1005 页）。学校收集的数据包括学生成绩和背景数据以及定性数据，例如教师对学生的观察或对学校利益相关者的态度和看法的调查。

2. 一般来说，框架分析对正式组织以外的群体进行了研究，也发现了大型社会和政治运动（如民权运动）获得支持的过程。学者们开始注意到社会运动研究和组织研究提供了有趣的相似之处，这两个子领域相互补充（Campbell，2005；McAdams & Scott，2005）。在教育方面，学校改革或政策实施可以被认为是一个有着各种利益相关者和变革目标的社会运动。虽然该社会运动是发生在组织内的，而不是在体制范围内的。

3. 本文是由新校风险基金资助的 4 座城市高中和系统的数据驱动型决策多案例研究项目的一小部分。我们希望指出，这篇文章的内容并不一定反映新校风险基金的立场。我们的目标是确定共同的主题和实践，并指出实施差异。在收集数据之前，研究小组制定了选址标准。我们选择了已实施 DDDM 的城市教育系统和高中，并从他们使用数据的经验中学习。

4. 所有名字都是化名。

5. 加利福尼亚州每个学校和学区都有一个学业成绩指数（API）分数——总结学校考试成绩和成绩增长的指标。学校在 2007—2008 学年的学校排名为第九名，也一直达到了 AYP 的标准。

6. 行政管理队伍由 1 名校长、2 名助理校长、4 名辅导员、10 名代表各学科领域的部门主任，以及负责监督职业发展的 Title I 协调员组成。领导团队由各部门的教师代表组成。

7. 该区领导决定积极寻求协助，并在不久之后就与外部专业发展提供者合作，帮助他们改善了 DDDM 和基于标准的教育。在外部合作伙伴的帮助下，学区领导经历了一个多年的发展和完善目标的过程。

8. 基准测试被认为对于数据驱动型决策系统至关重要，因为它可以帮助教师在学年中随时进行教学调整或对学生补课。所有核心科目的教师都需要对学生进行 AP 课程以外的季度基准测试。在决定测试的频率时，学区做出了每年四次的战略决策。

（七）参考文献

Benford, R. D., & Snow, D. A. (2000). Framing processes and social movements: An overview and assessment. Annual Review of Sociology, 26, 11–39.

Bernhardt, V. L. (2004). Data analysis for continuous improvements (2nd ed.). New York, NY: Eye on Education.

Booher-Jennings, J. (2005). Below the bubble: "Educational triage" and the Texas accountability system. American Educational Research Journal, 42, 231–268.

Campbell, J. L. (2005). Where do we stand? Common mechanisms in organizations and social movement research. In G. F. Davis, D. McAdam, W. R. Scott, & M. N. Zald (Eds.), Social movements and organization theory (pp. 41–72). New York, NY: Cambridge University Press.

Celio, M. B., & Harvey, J. (2005). Buried treasure: Developing a management guide from mountains of school data. Seattle, WA: Center for Reinventing Public Education.

Coburn, C. E. (2001). Collective sensemaking about reading: How teachers mediate reading policy in their professional communities. Educational Evaluation and Policy Analysis, 23(2), 145–170.

Coburn, C. E. (2006). Framing the problem of reading instruction: Using frame analysis to uncover the microprocesses of policy implementation. American Educational Research Journal, 43, 343–379.

Coburn, C. E., & Talbert, J. E. (2006). Conceptions of evidence use in school districts: Mapping the terrain. American Journal of Education, 112(4), 469–495.

Coburn, C. E., Toure, J., & Yamashita, M. (2009). Evidence, interpretation, and persuasion: Instructional decision making at the district central office. Teachers College Record, 111, 1115–1161.

Creswell, J. W. (1998). Qualitative inquiry and research design: Choosing among five traditions. Thousand Oaks, CA: SAGE.

Datnow, A., Park, V., & Kennedy, B. (2008). Acting on data: How urban high schools use data to improve instruction. Los Angeles, CA: Center on Educational Governance, University of Southern California.

Datnow, A., Park, V., & Wohlstetter, P. (2007). Achieving with data: How high performance driven school systems use data to improve instruction for elementary school students. Los Angeles, CA: Center on Educational Governance, University of Southern California.

Davies, S. (2002). The paradox of progressive education: A frame analysis. Sociology of Education, 75, 269–286.

Diamond, J. B., & Cooper, K. (2007). The uses of testing data in urban elementary schools: Some lessons from Chicago. National Society for the Study of Education Yearbook, 106(1), 241–263.

Diamond, J. B., & Spillane, J. P. (2004). High-stakes accountability in urban elementary schools: Challenging or reproducing inequality? Teachers College Record, 106, 1145–1176.

Earl, L., & Katz, S. (2002). Leading schools in a data rich world. In K. Leithwood, Pl. Hallinger, G. Furman, P. Gronn, J. MacBeath, B. Mulforld & K. Riley (Eds.) The second international handbook of educational leadership and administration (pp. 1003–1022). Dordrecht, Netherlands: Kluwer.

Earl, L., & Katz, S. (2006). Leading schools in a data-rich world: Harnessing data for school improvement. Thousand Oaks, CA: Corwin.

Firestone, W. A., & Gonzalez, R. (2007). Culture and processes affecting data use in school districts. In P. A. Moss (Ed.), Evidence and decision making (pp. 132–154). Chicago, IL: National Society for the Study of Education.

Firestone, W. A., Fitz, J., & Broadfoot, P. (1999). Power, learning, and legitimation: Assessment implementation across levels in the United States and the United Kingdom. American Educational Research Journal, 36, 759–793.

Grossman, F. D. (2010). Dissent from within: How educational insiders use protest to create policy change. Educational Policy, 24, 655–686.

Herman, J., & Gribbons, B. (2001). Lessons learned in using data to support school inquiry and continuous improvement: Final report to the Stuart Foundation. Los Angeles, CA: Center for the Study of Evaluation, University of California, Los Angeles.

Honig, M. I., & Coburn, C. E. (2008). Evidence-based decision making in school district central offices: Toward a policy and research agenda. Educational Policy, 22, 578–608.

Ingram, D., Louis, K. S., & Schroeder, R. G. (2004). Accountability policies and teacher decision-making: Barriers to the use of data to improve practice. Teachers College Record, 106, 1258–1287.

Kerr, K. A., Marsh, J. A., Ikemoto, G. S., Darilek, H., & Barney, H. (2006). Strategies to promote data use for instructional improvement: Actions, outcomes, and lessons from three urban districts. American Journal of Education, 112, 496–520. Lachat, M. A., & Smith, S. (2005). Practices that support data use in urban high schools. Special Issue on Transforming data into knowledge: Applications of data-based decision making to improve instructional practice. Journal of Education Change for Students Placed At-Risk, 10(3), 333–349.

Lipman, P. (1997). Restructuring in context: A case study of teacher participation and the dynamics of ideology, race, and power. American Educational Research Journal, 34(1), 3–37.

Marsh, J. A., Pane, J. F., & Hamilton, L. S. (2006). Making sense of data-driven decision making in education. Santa Monica, CA: RAND.

McAdams, D., & Scott, R. W. (2005). Organizations and movements. In G. F. Davis, D. McAdam, W. R. Scott, & M. N. Zald (Eds.), Social movements and organization theory (pp. 4–40). New York, NY: Cambridge University Press.

McDonnell, L.M. (1995). Opportunity to learn as a research concept and a policy instrument. Educational Evaluation and Policy Analysis, 17 (3), 305–322.

Miles, M. B., & Huberman, A. M. (1994). Qualitative data analysis (2nd ed.). Thousand Oaks, CA: SAGE.

No Child Left Behind Act of 2001, Public Law 107–110.

Oakes, J., Wells, A. S., Jones, M., & Datnow, A. (1997). Detracking: The social construction of ability, cultural politics, and resistance to reform. Teachers College Record, 98, 482–510.

Spillane, J. P., Reiser, B. J., & Reimer, T. (2002). Policy implementation and cognition: Reframing and refocusing implementation research. Review of Educational Research, 72, 387–431.

Supovitz, J. A., & Klein, V. (2003). Mapping a course for improved student learning: How innovative schools systematically use student performance data to guide improvement. Philadelphia, PA: Consortium for Policy Research in Education (CPRE).

Togneri, W., & Anderson, S. (2003). Beyond islands of excellence: What districts can do to improve instruction and achievement in all schools. Washington, DC: Learning First Alliance.

Weber, K., & Glynn, M. A. (2006). Making sense with institutions: Context, thought and action in Karl Weick's theory. *Organization Studies*, 27, 1639–1660.

Weick, K. E., Sutcliffe, K. M., & Obstfeld, D. (2005). Organizing and the process of sensemaking. *Organization Science*, 16, 409–421.

Yin, R. (2003). *Case study research* (3rd ed.). Beverly Hills, CA: SAGE.

Young, V. M. (2006). Teacher's use of data: Loose coupling, agenda setting, and team norms. *American Journal of Education*, 112, 521–548.

作者简介

维基·帕克（Vicki Park）是加利福尼亚大学圣地亚哥分校教育研究项目研究人员，以及"高等教育成功之路：最大限度地减少贫困青年的机会"项目主任。她的研究主要集中在城市学校改革和领导，政策实施以及阶级，种族和性别如何塑造低收入青年的教育机会。

艾伦·简·戴利（Alan J. Daly）是加利福尼亚大学圣地亚哥分校教育助理教授。除了 15 年的教师，心理学家和管理人员公共教育经验之外，艾伦还是加利福尼亚大学圣巴巴拉分校教育领导和有效学校中心的项目主任。研究兴趣包括领导力、教育政策、地区改革和社会网络理论。他最近的出版物包括由哈佛教育出版社出版的"社会网络理论与教育变革"丛书。

艾莉森·维沙德·格拉（Alison Wishard Guerra），教育研究助理教授，加利福尼亚州大学圣地亚哥分校教学研究生教育学院教师。她拥有加州大学洛杉矶分校应用发展研究教育学博士学位。她的研究重点是儿童早期的社会和语言发展，特别关注拉丁裔低收入家庭儿童的发展能力。

译后记

2017 年，我在美国盐湖城的犹他大学教育领导与政策系跟随倪咏梅教授访学。此间，我修了科里·格罗思（Cori Groth）教授一门叫作"基于数据的决策"（Data Informed Decision Making）的课程。在这门课上，我阅读了格罗思教授推荐的数据驱动决策方面的诸多文献，其中包括阿曼达·达特诺和维基·帕克两位学者合著的《数据驱动的学校管理》这本书。当时，我就有一个想法，要把格罗思教授所推荐的几本主要文献都翻译成中文，供国内学者和教育管理者研究使用，同时，也可以帮助自己熟悉美国的学校教育。

巧合而幸运的是，本书的第二作者维基·帕克博士其时也在犹他大学教育领导与政策系访学。在倪咏梅教授的引荐之下，我们得以交流。帕克博士很愉快地答应了我关于翻译著作的要求，积极帮忙联系出版社。更令人感动的是，她还将自己和合作者的一篇文章贡献出来，让我们将其作为附录，为读者呈现本书的教育管理思想具体展开的案例。这篇文章是运用数据驱动管理的思想在一所高中所做的田野研究，详细介绍了如何运用数据驱动决策的思路在一所学校诊断问题、激发动机进而实施改革，从而促进学生的学习进步和教育公平。在本书即将出版之际，两位原作者又欣然做了中译本序言，他们对国际学术交流的支持态度和做法让我备受鼓舞。

在阅读、翻译本书的过程中，我深感本书之精妙。作者用规范的研究方法、翔实的案例研究阐释了一个清晰而重要的道理，就是运用对学生、教师和学校教育情境中各种数据的深入分析来为学校管理者做出促进教育公平和质量提升的决策提供依据，在此过程中建构一种有利于学校整体改进的学校文化。作者对学校教育中数据运用的 4P 背景的深入分析，启示我们思考我国学校教育改革的困难和优势。作者所描述的对那些合格线附近浮动的学生不闻不问的状态，启示我们要对课堂上"边缘人"的处境多一些关注和关心。作者对于数据运用存在风险的分析，引起我们对课堂上使用智能设备监控学生面部表情的现象表示警惕。如此种种鞭辟入里的观点，对我国建设优质均衡的高质量基础教育体系都具有重要的启示价值。

从 2017 年冬天，我开始翻译这本书，直到 2018 年 7 月完成初稿。在此过程中，我不停查阅各种相关文献，弥补自己对美国基础教育理解的不足之处。更重要的是，在翻译本书的全部过程中，犹他大学教育学院教育领导与政策系主任倪咏梅教授一直不吝赐教，帮助我解决很多疑难问题，拨冗审校了书稿的全部内容。如果没有倪老师耐心和专业的帮助，这本书不会得以顺利出版。

本书的出版过程中，还得到了上海师范大学教育学科同仁的关心和支持。联合国教科文组织教师教育中心主任张民选教授对笔者鼓励有加，欣然提笔为本书作序。上海师范大学教育学部部长范国睿教授、教育学院前任院长夏惠贤教授、现任院长黄海涛教授、上海师范大学教务处副处长杨帆教授等人都对本书的翻译和出版给予鼓励。

真心希望本书的出版能对教育行政部门和学校的管理者、教师有所启示。

魏　峰

注　释

第一章　数据驱动的决策：希望与陷阱

1. V. Mayer-Schonberger and K. Cukier, Big Data: A Revolution That Will Transform How We Live, Work, and Think (New York: Houghton Mifflin, 2003).

2. K. Schildkamp and M. K. Lai, "Introduction," in Data-Based Decision Making in Education: Challenges and Opportunities, ed. K. Schildkamp, M. K. Lai, and L. Earl (Dordrecht, Netherlands Springer), 1–9.

3. N. R. Hoover and L. M. Abrams, "Teachers' Instructional Use of Summative Student Assessment Data," Applied Measurement in Education 26 (2013):219–231; U.S. Department of Education, Office of Planning, Evaluation and Policy Development, Teachers' Ability to Use Data to Inform Instruction: Challenges and Supports (Washington, DC: Department of Education, 2010).

4. A. C. Dowd, Data Don't Drive: Building a Practitioner-Driven Culture of Inquiry to Assess Community College Performance (Boston: University of Massachusetts, Lumina Foundation for Education, 2005); Knapp et al. (2007).

5. We are indebted to Andy Hargreaves for this insight.

6. Mayer-Schonberger and Cukier (2013).

7. A. Hargreaves, "The Fourth Way of Change: Towards an Age of Inspiration and Sustainability" (unpublished manuscript, 2009), See also A. Hargreaves and D. Shirley, The Fourth Way: The Inspiring Future of Educational Change (Thousand Oaks, CA: Corwin Press, 2009).

8. M. Rich, "Scandal in Atlanta Reignites Debate over Tests' Role," New York Times, April 2, 2013, A13.

9. G. Biesta, "Why 'What Works' Won't Work: Evidence Based Practice and the Democratic Deficit in Educational Research," Educational Theory, 57, no.1 (2007):1–23.

10. D. Shirley and A. Hargreaves, "Data-Driven to Distraction: Why American Educators Need a Reform Alternative—Where They Might Look to Find It," Education Week, October 4, 2006, 2–3, http:// www.edweek.org/ew/articles/2006/10/04/06/hargreaves. h26. html.

11. D. Gillborn and D. Youdell, Rationing Education: Policy, Practice, Reform and Equality (Buckingham, England: Open University Press, 2000).

12. J. Booher-Jennings, "Below the Bubble:'Educational Triage' and the Texas Accountability System," American Educational Research Journal 42 (2005):241.

13. Booher-Jennings (2005); A. Hargreaves and H. Braun, Leading

for All (Ontario: Code Special Education Project, 2005).

14. J. Neumann, "Teaching to and beyond the Test: The Influence of Mandated Accountability Testing in One Social Studies Teacher's Classroom," Teachers College Record, 115, no.6 (2013):1−32.

15. R. Halverson, J. Grigg, R. Prichett, and C. Thomas, "The New Instructional Leadership: Creating Data-Driven Instructional Systems in Schools," working paper 2005−9 (Madison: Wisconsin Center for Education Research, 2005).

16. D. Light, M. Honey, J. Heinze, C. Brunner, D. Wexler, E. Mandinach, and C. Fasca, Linking Data and Learning: The Grow Network Study (New York: Educational Development Center, 2005).

17. J. B. Diamond and K. Cooper, "The Uses of Testing Data in Urban Elementary Schools: Some Lessons from Chicago," Yearbook of the National Society for the Study of Education 106 (2007):241−263.

18. J. S. Wills and J. H. Sandholtz, "Constrained Professionalism: Dilemmas of Teaching in the Face of Test-Based Accountability," Teachers College Record 111 (2009):1065−1114.

19. J. A. Marsh, J. A. Pane, and L. S. Hamilton, Making Sense of Data-Driven Decision Making in Education: Evidence from Recent RAND Research (Santa Monica, CA: RAND Education, 2006).

20. G. S. Ikemoto and J. A. Marsh, "Cutting through the 'Data Driven' Mantra: Different Conceptions of Data-Driven Decision Making," Yearbook of the National Society for the Study of Education, 106 (2007):105–131.

21. D. Ingram, K. S. Louis, and R. G. Schroeder, "Accountability Policies and Teacher Decision-Making: Barriers to the Use of Data to Improve Practice," Teachers College Record 106 (2004):1258–1287; V. Park, "Beyond the Numbers Chase: How Urban High School Teachers Make Sense of Data Use" (PhD diss., University of Southern California, Rossier School of Education, 2008).

22. J. Feldman and R. Tung, "Whole School Reform: How Schools Use the Data-Based Inquiry and Decision Making Process" (paper presented at the annual meeting of the American Educational Research Association, Seattle, WA, 2001); Light et al. (2005).

23. J. Armstrong and K. Anthes, Identifying the Factors, Conditions, and Policies That Support Schools' Use of Data for Decision Making and School Improvement: Summary of Findings (Denver: Education Commission of the States, 2001); J. A. Supovitz and V. Klein, Mapping a Course for Improved Student Learning: How Innovative Schools Systematically Use Student Performance Data to Guide Improvement (Philadelphia: Consortium for Policy Research in Education, 2003); W. Togneri and S. Anderson,

Beyond Islands of Excellence: What Districts Can Do to Improve Instruction and Achievement in All Schools (Washington, DC: Learning First Alliance, 2003).

24. J. W. Dembosky, J. F. Pane, H. Barney, and R. Christina, Data Driven Decisionmaking in Southwestern Pennsylvania School Districts (Santa Monica, CA: RAND, 2005), http://www.rand.org/pubs/working_papers/2006/RAND_WR326. pdf; J. A. Marsh, K. A. Kerr, G. S. Ikemoto, H. Darilek, M. Suttorp, R. W. Zimmer, and H. Barney, The Role of Districts in Fostering Instructional Improvement: Lessons from Three Urban Districts Partnered with the Institute for Learning. (Santa Monica, CA: RAND Corporation, 2005).

25. A. Datnow, V. Park, and P. Wohlstetter, Achieving with Data: How High Performing School Systems Use Data to Improve Instruction for Elementary School Students (Los Angeles: Center on Educational Governance, 2007).

26. L. Earl and S. Katz, Leading Schools in a Data-Rich World: Harnessing Data for School Improvement (Thousand Oaks, CA: Corwin Press, 2006); Supovitz and Klein (2003).

27. E. Bensimon, "The Underestimated Significance of Practitioner Knowledge in the Scholarship of Student Success," Review of Higher Education 30 (2007):441−469; V. Park, A. J. Daly, and A.W. Guerra, "Strategic Framing: How Leaders Craft the

Meaning of Data Use for Equity and Learning," Educational Policy 27 (2013):645–675; L. Skrla, J. J. Scheurich, and J. F. Johnson, Equity-Driven Achievement-Focused School Districts (Austin: Charles A. Dana Center, University of Texas at Austin, 2000), http://www.utdanacenter.org.

28. Armstrong and Anthes (2001).

29. Skrla et al. (2000).

30. M. A. Lachat and S. Smith, "Practices That Support Data Use in Urban High Schools," Journal of Education for Students Placed at Risk 10 (2005), 344–345.

31. V. L. Bernhardt, Multiple Measures (Oroville: California Association for Supervision and Curriculum Development, 1998).

32. Dowd (2005); J. Supovitz, "Can High Stakes Testing Leverage Educational Improvement? Prospects from the Last Decade of Testing and Accountability Reform," Journal of Educational Change 10 (2009):211–227.

33. D. Rogosa, "Statistical Misunderstandings of the Properties of School Scores and School Accountability," in Uses and Misuses of Data for Educational Accountability and Improvement, ed. J. L. Herman and E. H. Haertel (Malden, MA: Blackwell, 2005), 147–174; Supovitz (2009).

34. B. L. Kennedy and A. Datnow, "Student Involvement and Data-Driven Decision Making: Developing a New Typology," Youth

and Society 4 (2011):1246–1271.

35. Feldman and Tung (2001); W. Togneri and S. Anderson, Beyond Islands of Excellence: What Districts Can Do to Improve Instruction and Achievement in All Schools (Washington, DC: Learning First Alliance, 2003).

36. E. B. Mandinach and M. Honey, Data-Driven School Improvement: Linking Data and Learning (New York: Teachers College Press, 2008).

37. The Grow Network/McGraw-Hill Company online analytical tool provided teachers with an overview of student performance on New York state tests in math and English language arts and identified priority areas. The tool has been rebranded as the New York Statewide Testing and Accountability Reporting Tool. (See Mandanich & Honey, 2008, p. 155)

38. Ikemoto and Marsh (2007).

39. V. Park and A. Datnow, "Co-Constructing Distributed Leadership: District and School Connections in Data-Driven Decision Making," School Leadership and Management 29 (2009):475–492.

40. M. S. Knapp, M. A. Copland, and J. A. Swinnerton, "Understanding the Promise and Dynamics of Data-Informed Leadership," Yearbook of the National Society for the Study of Education 106, no.1 (2007):74–104.

41. Mayer-Schonberger and Cukier (2013).

42. Park et al. (2013).

43. P. Gronn, "Distributed Properties: A New Architecture for Leadership." Educational Management and Administration 28 (2000):317–338

44. R. F. Elmore, "Hard Questions about Practice," Educational Leadership 59 (2002):22–25; Gronn (2000); J. P. Spillane, R. Halverson, and J. Diamond, "Investigating School Leadership Practice: A Distributed Perspective," Educational Researcher 30, no, 23 (2001):23–28.

45. K. A. Leithwood and C. Riehl, "What Do We Already Know about Educational Leadership?" in A New Agenda for Research in Educational Leadership, ed. W. A. Riehl and C. Riehl (New York: Teachers College Press, 2005), 12–27.

46. P. Gronn, "Leadership: Who Needs It?" School Leadership and Management 23 (2003):267–290; J. P. Spillane, B. J. Reiser, and T. Reimer, "Policy Implementation and Cognition: Reframing and refocusing Implementation Research," Review of Educational Research 72 (2002):387–431.

47. M. K. Stein and J. P. Spillane (2005), "What Can Researchers on Educational Leadership Learn from Research on Teaching? Building a Bridge," in W. A. Firestone and C. Riehl (eds.), A New Agenda for Research in Educational Leadership (New York: Teachers College Press), 28–45.

48. J. Spillane, R. Halverson, and J. B. Diamond (2004), "Towards a Theory of Leadership Practice: A Distributed Perspective," Journal of Curriculum Studies 36, no.1 (2004):3–34.

49. Gronn (2000).

50. R. F. Elmore, Building a New Structure for School Leadership (Washington, DC: Albert Shanker Institute, 2000); Spillane et al. (2004).

51. Spillane et al. (2004) focus on school-level practices. See also N. Bennett, C. Wise, P. A. Woods, and J. A. Harvey (2003), Distributed Leadership: A Review of Literature (Nottingham, England: National College of School Leadership), http://oro.open.ac.uk/8534/1/bennett-distributed-leadership-full.pdf.

52. Armstrong and Anthes (2001).

53. Armstrong and Anthes (2001).

54. M. Fullan, Leading in a Culture of Change (San Francisco: Jossey-Bass, 2001); P. Hallinger and R. H. Heck, "Reassessing the Principal's Role in School Effectiveness," Educational Administration Quarterly 32, no.1 (1996):5–44; K. Leithwood and D. Jantzi, "Transformational School Leadership for Large-Scale Reform: Effects on Students, Teachers, and Their Classroom Practices," School Effectiveness and School Improvement 17, no.2 (2000):201–227; J. Murphy and A. Datnow, Leadership for School Reform: Lessons from Comprehensive School Reform

Designs (Thousand Oaks, CA: Corwin Press, 2003).

55. Armstrong and Anthes (2001); Datnow et al. (2007); Park and Datnow (2009);W. Togneri and S. E. Anderson, Beyond Islands of Excellence: What Districts Can Do to Improve Instruction and Achievement in All Schools (Washington, DC: Learning First Alliance, 2003).

第二章　教育改革的 4P

1. M. W. McLaughlin, "Learning from Experience: Lessons from Policy Implementation," Educational Evaluation and Policy Analysis 9 (1987):171−178.

2. J. P. Spillane, "Data in Practice: Conceptualizing the Data-Based Decision-Making Phenomenon," American Journal of Education 118 (2012)：114.

3. A. Datnow, L. Hubbard, and H. Mehan, Extending Educational Reform: From One School to Many (London and New York: Routledge/Farmer, 2002); A. Datnow and V. Park, "Conceptualizing Policy Implementation: Large-Scale Reform in an Era of Complexity," in AERA Handbook on Education Policy Research, ed. D. Plank, B. Schneider, and G. Sykes (New York: Routledge, 2009), 348−361.

4. J. P. Spillane, B. J. Reiser, and T. Reimer, "Policy Implementation and Cognition: Reframing and Refocusing Implementation

Research," Review of Educational Research 72 (2002):387–431.

5. C. E. Coburn, "Collective Sensemaking about Reading: How Teachers Mediate Reading Policy in Their Professional Communities," Educational Evaluation and Policy Analysis 23 (2001):145–170.

6. Datnow and Park (2009).

7. W. A. Firestone, J. Fitz, and P. Broadfoot, "Power, Learning, and Legitimation: Assessment Implementation across Levels in the United States and the United Kingdom," American Educational Research Journal 36 (1999):759–793; C. E. Coburn and J. E. Talbert, "Conceptions of Evidence Use in School Districts: Mapping the Terrain," American Journal of Education 112 (2006):469–495.

8. A. Hargreaves and M. Fullan, Professional Capital (New York: Teachers College Press, 2012).

9. Hargreaves and Fullan (2012).

10. K. Leithwood, Characteristics of High Performing School Districts: A Review of Empirical Evidence (Calgary: College of Alberta School Superintendents, 2008); G. Cawelti and G. Protheroe, "The School Board and Central Office in School Improvement," in Handbook on Restructuring and Substantial School Improvement, ed. H. Walberg (Lincoln, IL: Center on Innovation and Improvement, 2007), 37–52.

11. R. Yin, Case Study Research, 5th ed. (Beverly Hills, CA: Sage, 2013).

12. Yin (2013).

第三章　重构数据运用的文化

1. A. Hargreaves, Changing Teachers, Changing Times (New York: Teachers College Press, 1994).

2. M. I. Honig and M. A. Copland, Reinventing District Central Offices to Expand Student Learning (Washington, DC: Center for Comprehensive School Reform and Improvement, 2008).

3. A. Rorrer, L. Skrla, and J. A. Scheurich, "Districts as Institutional Actors in Educational Reform," Educational Administration Quarterly 44 (2008):307–358.

4. B. Levin, A. Datnow, and N. Carrier, Changing District Practices (Boston: Jobs for the Future, 2012).

5. G. S. Ikemoto and J. A. Marsh, "Cutting through the 'Data Driven' Mantra: Different Conceptions of Data-Driven Decision Making," Yearbook of the National Society for the Study of Education 106 (2007):105–131.

6. D. Ingram, K. S. Louis, and R. G. Schroeder, "Accountability Policies and Teacher Decision-Making: Barriers to the Use of Data to Improve Practice," Teachers College Record 106 (2004):1258–1287.

7. L. Earl and M. Fullan, "Using Data in Leadership for Learning," Cambridge Journal of Education 33 (2003):383–394.

8. L. Skrla and J. Scheurich, "Displacing Deficit Thinking," Education and Urban Society 33 (2001):235–259.

9. J. Murphy, S. N. Elliot, E. Goldring, and A. C. Porter, Learning-Centered Leadership: A Conceptual Foundation (Nashville, TN: Vanderbilt Learning Sciences Institute, 2006).

10. V. Park and A. Datnow, "Co-Constructing Distributed Leadership: District and School Connections in Data-Driven Decision Making," School Leadership and Management 29 (2009):475–492.

11. Honig and Copland (2008), 3.

12. S. Sarason, The Predictable Failure of Educational Reform (San Francisco: Jossey-Bass, 1990); M. Fullan, The New Meaning of Educational Change (New York: Teachers College Press, 1991).

13. E. Foley and D. Sigler, "Getting Smarter: A Framework for Districts," Voices in Urban Education 22 (2009):5–12.

14. N. Protheroe, "District Support for School Improvement," Principal 87 (2008):36–39.

第四章 数据运用的目标、惯例和工具

1. J. P. Spillane, "Data in Practice: Conceptualizing the Data-Based Decision-Making Phenomenon," American Journal of Education 118 (2012):114.

2. I. S. Horn and J. W. Little, "Attending to Problems of Practice: Routines and Resources for Professional Learning in Teachers' Workplace Interactions," American Educational Research Journal, 47, no.1 (2010):181–217.

3. L. Hamilton, R. Halverson, S. S. Jackson, E. Mandinach, J. Supovitz, and J. Wayman, Using Student Achievement Data to Support Instructional Decision Making, IES practice guide, NCEE 2009–4067 (Washington, DC: National Center for Education Evaluation and Regional Assistance, 2009).

4. M. I. Honig and N. Venkateswaran, "School-Central Office Relationships in Evidence Use: Understanding Evidence Use as a Systems Problem," American Journal of Education 118 (2012):199–222; E. B. Mandinach and M. Honey (eds.), Data Driven School Improvement: Linking Data and Learning (New York: Teachers College Press, 2008); B. Means, C. Padilla, and L. Gallagher, Use of Education Data at the Local Level: From Accountability to Instructional Improvement (Washington, DC: US Department of Education, Office of Planning, Evaluation, and Policy Development, 2010).

5. Horn and Little (2010); V. M. Young, "Teachers' Use of Data: Loose Coupling, Agenda Setting, and Team Norms," American Journal of Education 112 (2006):521–548.

6. A. Hargreaves, Changing Teachers, Changing Times (New York:

Teachers College Press, 1994); G. Kelchtermans, "Teacher Collaboration and Collegiality as Workplace Conditions: A Review," Zeitschrift fur Padagogik 2 (2006):220–237.

7. See A. J. Daly, "Data, Dyads, and Dynamics: Exploring Data Use and Social Networks in Educational Improvement," Teachers College Record 114 (2012):1–38.

8. Horn and Little (2010).

9. J. B. Christman, R. C. Neild, K. Bulkley, S. Blanc, R. Liu, C. Mitchell, and E. Travers. "Making the Most of Interim Assessment Data. Lessons from Philadelphia." Research for action (2009).

10. Hargreaves (1994).

11. Hargreaves (1994), 248.

12. L. Anderson and D. A. Krathwohl, Taxonomy for Learning, Teaching and Assessing: A Revision of Bloom's Taxonomy of Educational Objectives (New York: Longman, 2001).

13. L. Lezotte and K. M. McKee, Assembly Required: A Continuous School Improvement System (Okemus, MI: Effective Schools Products, 2002).

14. A. Lieberman and L. Miller, Teachers in Professional Communities: Improving Teaching and Learning (New York: Teachers College Press, 2008).

15. C. E. Coburn and M. K. Stein (eds.), Research and Practice in Education: Building Alliances, Bridging the Divide (Lanham,

MD: Rowman and Littlefield, 2010).

16. G. S. Ikemoto and M. Honig, "Tools to Deepen Practitioners' Engagement with Research: The Case of the Institute for Learning," in Research and Practice in Education: Building Alliances, Bridging the Divide, ed. C. E. Coburn and M. K. Stein (Lanham, MD: Rowman and Littlefield, 2010), 95.

第五章　运用数据改进教学

1. K. A. Samaniego, "Case Studies of Teacher Perceptions and Their Enactment Processes When Implementing Multiple Reforms in Urban High School Mathematics" (PhD diss., University of California, San Diego, 2013).

2. J. A. Supovitz and V. Klein, Mapping a Course for Improved Student Learning: How Innovative Schools Systematically Use Student Performance Data to Guide Improvement (Philadelphia: Consortium for Policy Research in Education, 2003).

3. M. Heritage, "Formative Assessment: What Do Teachers Need to Know and Do?" Phi Delta Kappan 89 (2007):141-142.

4. P. Black, C. Harrison, C. Lee, B. Marshall, and D. Wiliam, Assessment for Learning (Berkshire, England: Open University Press, 2003); P. Black and D. Wiliam, "Developing a Theory of Formative Assessment," in Assessment and Learning, ed. J. R. Gardner (London: Sage, 2006), 81-100; Heritage (2007); J. L.

Herman, E. Osmundson, C. Ayala, S. Schneider, and M. Timms, "The Nature and Impact of Teachers' Formative Assessment Practices," technical report 703 (Los Angeles: Center for the Study of Evaluation, 2006); S. Leahy, C. Lyon, M. Thompson, and D. Wiliam, "Classroom Assessment: Minute by Minute, Day by Day," Educational Leadership 63 (2005):18–24, http://www2. esu3. org/esu3/workshopDocs/Article.pdf; M. A. Ruiz-Primo and E. M. Furtak, "Exploring Teachers' Informal Formative Assessment Practices and Students' Understanding of the Context of Scientific Inquiry," Journal of Research in Science Teaching 44, no.1 (2007):57–84, http://www3. interscience.wiley.com/cgi-bin/fulltext/113510306/PDFSTART.

5. L. Earl and S. Katz, Leading Schools in a Data-Rich World: Harnessing Data for School Improvement (Thousand Oaks, CA: Corwin Press, 2006).

6. J. A. Marsh, K. A. Kerr, G. S. Ikemoto, H. Darilek, M. Suttorp, R. W. Zimmer, and H. Barney, The Role of Districts in Fostering Instructional Improvement: Lessons from Three Urban Districts Partnered with the Institute for Learning. (Santa Monica, CA: RAND, 2005); S. Mason, "Turning Data into Knowledge: Lessons from Six Milwaukee Public Schools" (paper presented at the annual meeting of the American Educational Research Association, New Orleans, LA, 2002); L. Petrides and T. Nodine, Anatomy of

School System Improvement: Performance-Driven Practices in Urban School Districts (San Francisco: NewSchools Venture Fund, 2005).

7. J. Feldman and R. Tung, "Whole School Reform: How Schools Use The Data-Based Inquiry and Decision Making Process" (paper presented at the annual meeting of the American Educational Research Association, Seattle, WA, 2001); Mason (2002); Supovitz and Klein (2003).

8. Heritage (2007).

9. See www.avid.org for more information on the program.

第六章　面向未来的数据助力领导

1. G. S. Ikemoto and J. A. Marsh, "Cutting through the 'Data Driven' Mantra: Different Conceptions of Data-Driven Decision Making," Yearbook of the National Society for the Study of Education, 106 (2007):105–131.

2. J. P. Spillane, "Data in Practice: Conceptualizing the Data-Based Decision-Making Phenomenon," American Journal of Education 118 (2012):114.

3. M. S. Knapp, M. A. Copland, and J. A. Swinnerton, "Understanding the Promise and Dynamics of Data-Informed Leadership," Yearbook for the National Society for the Study of Education 106, no.1 (2007):74–104, doi:10. 1111/j.1744-7984. 2007. 00098. x.

4. A. Hargreaves and M. Fullan, Professional Capital (New York: Teachers College Press, 2012).

5. C. E. Coburn, "Collective Sensemaking about Reading: How Teachers Mediate Reading Policy in Their Professional Communities," Educational Evaluation and Policy Analysis 23 (2001):145−170.

6. Hargreaves and Fullan (2012), 93−94.

7. Loveless, The 2013 Brown Center Report on American Education: How Well Are American Students Learning? Vol. 3, no.2 (Washington, DC: Brookings, 2013), http://www.brookings.edu/2013-brown-center-report.

8. J. Oakes, Keeping Track: How Schools Structure Inequality (New Haven, CT: Yale University Press, 1985); J. Schofield, "International Evidence on Ability Grouping with Curriculum Differentiation and the Achievement Gap in Secondary Schools," Teachers College Record 112 (2010):8−9.

9. R. J. Stiggins and J. Chappuis, "What a Difference a Word Makes: Assessment for Learning Rather Than Assessment of Learning Helps Students Succeed," Journal of Staff Development 27 (2006):10−14.

10. N. R. Hoover and L. M. Abrams, "Teachers' Instructional Use of Summative Student Assessment Data," Applied Measurement in Education 26 (2013):219−231; L. N. Oláh, N. R. Lawrence,

and M. Riggan, "Learning to Learn from Benchmark Assessment Data: How Teachers Analyze Results," Peabody Journal of Education 85 (2010):226–245; V. Park, "Beyond the Numbers Chase: How Urban High School Teachers Make Sense of Data Use" (PhD diss., University of Southern California, Rossier School of Education, 2008).

11. R. Elmore, "Getting to Scale with Good Educational Practice," Harvard Educational Review 66, no.1 (1996):1–26.

12. Coburn (2001); B. Olsen and D. Sexton, "Threat Rigidity, School Reform, and How Teachers View Their Work inside Current Education Policy Contexts," American Educational Research Journal 46, no.1 (2009):9–44.

图书在版编目（CIP）数据

数据驱动的学校管理 / （美）阿曼达·达特诺（Amanda
Datnow），（美）维基·帕克（Vicki Park）著；魏峰译. —
上海：上海教育出版社，2024.6. — ISBN 978-7-5720-2659-1

Ⅰ. G47

中国国家版本馆CIP数据核字第2024KE9252号

上海市版权局著作权合同登记号 图字 09-2024-0416 号

责任编辑　李　玮

封面设计　周　吉

数据驱动的学校管理

[美] 阿曼达·达特诺（AmandaDatnow）　[美] 维基·帕克（Vicki Park）　著
魏　峰　译

出版发行　**上海教育出版社有限公司**
官　　网　www.seph.com.cn
地　　址　上海市闵行区号景路159弄C座
邮　　编　201101
印　　刷　上海商务联西印刷有限公司
开　　本　700×1000　1/16　印张 12.25　插页 1
字　　数　135 千字
版　　次　2024年7月第1版
印　　次　2024年7月第1次印刷
书　　号　ISBN 978-7-5720-2659-1/G·2343
定　　价　58.00 元

如发现质量问题，读者可向本社调换　　电话：021-64373213